キーワードで考える

部落問題はじめの一歩

〈目　次〉

第一部　キーワードで考える　部落問題はじめの一歩

第一部　キーワードで考える　部落問題はじめの一歩

一、「ステレオタイプ」と「差別」

一人ひとりの違いを無視し、そこに存在する人々をひとくくりにしてとらえるのが**「ステレオタイプ」**（印刷に用いる鉛版＝ステロ版に由来する社会学用語）です。人種や民族・性別等による「ステレオタイプ」のように、差別に直結するものから、星座や血液型による「ステレオタイプ」のように、占いの一種として多くの人に支持されているものまで様々ですが、一つの属性・特徴だけで、その人の総てが決定されているかのように考えることが、不合理であることは明らかです。

遊びのレベルにとどまるものであれば問題はないとも言えますが、一人ひとりを一人ひとりの言動において、しっかりと評価する目を養うという意味では、あらゆる「ステレオタイプ」に対し、一定の警戒心を持って接することが必要です。そのことができるかどうかは、人権感覚を身につけていくための、非常に重要なポイントであると言えるでしょう。

特定の「ステレオタイプ」に基づき、本人に責任がない事柄であるにも関わらず、低い評価を下したり、不利な取り扱いをしたりすることが「差別」です。

「差別」は、人間関係や社会関係、つまり人と人、集団と集団の間に発生します。その関係の中で、強い立場・社会的多数派の立場にある側が、両者の間にある単なる違いや、相手に責任のない事柄や特徴を取り上げて、一方的に低い評価を下したり、不利な取り扱いをしたりするわけですから、「差別」問題というのは、本質的に「する側」の問題であって、「される側」の問題ではありません。

ジェームズ・ボールドウィン（一九二四〜一九八七）というアメリカの黒人作家が来日した時、マスコミのインタビューに対して、「アメリカに黒人問題は存在しない。あるのは、黒人を差別する白人の問題だけだ」という発言をしたそうですが、彼の発言はこのことを指しています。

また、ナチスドイツのユダヤ人迫害に絡んで、混血の問題の処置に困った現場の担当者が、何分の一の混血からユダヤ人と見なせばよいのかと上層部に問い合わせたというエピソードを読んだことがありますが、これも「差別」の対象が常に曖昧なものであり、「する側」の心一つによって決められているという現実を、よく表しています。

ところが、「差別」問題について考えるとき、私たちは「なぜあの人達は差別されるのか？」と、つい問うてしまいます。しかし、この問いは「する側」の責任を「される側」の問題にすりかえてしまう危険な問いであることを忘れないでください。

「差別」とは不当なものである以上、「される側」に何があるのかではなく、「する側」に何があるのかを問うべきです。つまり、「なぜあの人達を差別するのか？」と「する側」に問うことこそが、「差別」をなくす第一歩となるのです。

ただし、ある社会で特定集団に対する「差別」が長期間にわたって継続しているような場合、「差別」の結果としてもたらされた「貧困」が、「される側」の人々が暮らす地域と周辺地域の間に一定の物理的優劣を生み出すことがあります。そして、「する側」が勝手に作り上げた「される側」の「怠惰」や「教育に無関心」「非常識」といったイメージが、無根拠に「貧困」の原因とされ、「差別」の正当化が図られることが少なくありません。

あるいは、「差別」によってもたらされる精神的困難や社会的困難によって、「される側」が負の言動に走ってしまえば、場面限定的に、「される側」が加害者で、「する側」が被害者となることもあるでしょう。その場合、その出来事自体は、あくまでも加害者となってしまった特定個人の問題なのですが、いつのまにか「あそこの人達」という「ステレオタイプ」によって、あたかも地域に暮らす全ての人達が加害者であったかのように語られている事例に、幾度も接したことがあります。

「差別」の結果であり、社会構造上の問題であることを踏まえて根本的解決が図られるべきこれらの現象も、多くの場合、このようにして「差別」を正当化する根拠となるだけで終わり、原因は「される側」の言動にあり、「する側」の行為は「差別」ではなく当然のことであるという社会意識をより強固なものにしていきます。

「する側」の間に広がる、この「差別」肯定の社会意識をいかに解消していくかが、「差別」意識の再生産を阻み、「差別」問題を解決していく上で、最重要の課題であることは言うまでもありません。

「差別」を考えるときには、まず「する側」を問うこと。そのことを忘れないでください。

註　**大澤武男『ヒトラーとユダヤ人』**（1995年・講談社現代新書）によると、1935年9月16日に公布された、三条からなる「国民法」と七条からなる「ドイツ民族の血統と名誉を保護するための法」によって構成された

「ニュールンベルグ法」は、「ドイツ国民とはドイツ人またはそれに類する血統の国民だけ」に限定することでユダヤ人から市民権を剝奪した上に、ドイツ人とユダヤ人の婚姻および性交渉を禁止した人種差別法であったが、そのユダヤ人規定は「四人の祖父母のうち三人がユダヤ教徒であった場合」「四人の祖父母のうち二人がユダヤ教徒で本人もユダヤ教徒であった場合」はユダヤ人とされ、「四人の祖父母のうち二人がユダヤ教徒で本人がユダヤ教徒でない場合」は「一親等ユダヤ系混血児」とされ、「四人の祖父母のうち一人がユダヤ教徒で本人がユダヤ教徒でない場合」は「二親等ユダヤ系混血児」とされるという奇妙なものであった。

問題は「人種（民族）」であったはずにも関わらず、混血という現実を遡って調査することが事実上不可能であったため、ユダヤ教という「宗教（文化）」の問題にすり替えて「ユダヤ人」であるかどうかを確定したわけである。一見明白に存在すると思える「人種（民族）」の違いも、混血という問題を考えれば、差別「する側」と「される側」の境界は、一挙に曖昧なものになってしまうという好例と言えよう。差別は常に恣意的で無根拠なものなのである。

二、「人権」が分かる

二十一世紀になって以来、「人権」という言葉を見聞きしない日はないと言えるほど、世の中は「人権」という言葉で溢れています。もちろん「人権の世紀」なのですから、そのことそのものは当たり前と言えば当たり前なのですが、気になるのは、人権教育や人権啓発の中で、「人権」の内容や歴史が未整理のまま、その場その場で適当に発信され、「人権」やそれに類する用語の氾濫が、人々に人権アレルギーを振りまいているだけではないかと思われることです。

試しに手元にある、某自治体が使用している同和問題の学習資料を開いてみると、最初の2ページだけで「基本的人権」「人間としての生きる権利」「人間として生まれながらに持っている、幸せに生きていくための権利」「固有権」「行政権」「立法権」「司法権」「平等権」「自由権的基本権」「刑事裁判を受ける権利」「黙秘権」「財産権」「社会権的基本権」「生存権」「教育を受ける権利」「勤労権」「団結権」「団体交渉権」「団体行動権」「参政権」「公務員の選定・罷免の権利」「最高裁判所裁判官の国民審査権」「地方公共団体の長・議員の選挙権」「請求権」「請願権」「損害賠償請求権」「裁判を受ける権利」「刑事補償請求権」といった言葉が、特に説明、整理されることなく登場しています。これらの「～権」の連続を、読み手は果たしてどう感じるのでしょうか。

「わかる」という日本語は、「分かる」つまり「分けることができる」ということを本義とします。したがって、「人権」が分かるということは、「人権」をいくつかのレベルで分けて考えることができるということでなくてはならないし、「人権」の学習資料や講義は、それに接した人が「人権」を、幾つかの切り口によって分けて捉えることができるようになるためのものでなくてはならないと思います。

では、「人権」をどのように分けていけばよいのでしょうか。私は、まず「権利」一般と「人権」を分けて考えるところから始めたいと思います。

時々「権利ばかり主張して、義務を果たすことを忘れている」云々という意見を聞くことがあります。この意見自体に、間違いはありませんが、これが「人権ばかり主張して、義務を果たすことを忘れている」となると、根本的な誤りが含まれることになります。

確かに「権利」一般には、その「権利」を得るために果たすべき義務が存在していますから、義務を果たしていない者が「権利」を要求することは許されることではありません。しかし、「権利」一般と異なり、「人権」と呼ばれているものは、生まれたときから全ての人に無条件に保障されるべきものであって、それを得るための義務は一切存在しないのです。「人権」を考えるときの前提となるこの考え方を**「天賦人権論」**と言いますが、逆に言えば、多くの「権利」の中で、全ての人に無条件で保障されるべきであると、社会が承認したものを「人権」と呼ぶわけです。

ここからが次の分け方となりますが、社会的承認との関係から言えば、「人権」は、三つの種類に分けて考えなければなりません。つまり「人権」には、社会的承認のもと法律や制度によってすでに保障されている「人権」(便宜的に人権Aとする)、社会的承認は受けているが法律や制度が未整備な「人権」(同じく人権B)、まだ社会的承認の可否を巡り論争中の「人権」(同じく人権C)があるということです。

人権Aに対しては、法律や制度がきちんと機能しているかどうかをチェックし、不備があれば補っていくことが重要です。人権Bについては、ネット上のさまざまな人権問題等をイメージしていただければいいと思うのですが、早急に法律や制度を整備していかなければなりません。人権Cについては、夫婦別姓や同性婚、あるいは包括的問題としての環境権等がこれに当たると思いますが、賛否両方の意見にしっかりと耳を傾け、一人ひとりが主体的判断を下せるようになることが大切です。

それでは次に、法律や制度によって国家が保障すべき「人権」として、すでに現在の日本で社会的承認を受けているものにはどのようなものがあるのか、主要な四つの「人権」の確立過程を歴史的に見ていくことにしましょう。

「人は、自由にして権利において平等なものとして生まれ、かつ存在する」というフレーズで有名な**「フランス人権宣言」**はフランス革命（1789年）の中で出されました。そのフランス革命は、ルイ16世の王政に対する抵抗から起こったものです。

当時「人権」の中心として取り上げられていたのは、**「自由権」「平等権（機会の平等・人格の平等）」**で、特に重要とされていたのは「参政権」「財産権」「裁判権」「思想信条の自由」「宗教の自由」等、いずれも、王の恣意的な政策や方針によって、簡単に左右されていたものばかりです。このことは、王の支配下に置かれていた個々の人生・生活・財産を、一人ひとりのものとして主張し、**「王権」**の関与を否定することから「人権」の歴史が始まったということを意味します。

このような歴史的経過から、「人権」は「王権」に対抗する言葉として生まれたことが分かります。だから、「人権」の対義語は「王権」であり、「人権」確立の主張は、本来、国家や組織・団体・企業といった個人を超えた大きな存在に向けてなされるべきものであると言えるでしょう。しかし、最近では「嫌煙権」のように、公衆道徳の一つと言えるものにまで、「権」という漢字が使用されるため、「人権」の本質が見えにくくなっているように思います。

一方、「人権」を付与される「人」の範囲は、その時代や民族・文化・宗教によって、常に制約されてきました。アメリカ黒人による公民権運動や、アフリカ諸国の植民地支配からの独立運動が1960年代の出来事であったことを考えると、人種や民族、国境を超えた「人間」や「人類」という概念が、世界の多くの国々に共有されるようになって、まだ五十年程度ではないでしょうか。
フランス革命の場合で言えば、三大スローガンとされる「リベルテ（自由）・エガリテ（平等）・フラタニテ（博愛）」の内の「フラタニテ」は、「同胞愛」を指すものであり、決して国境や民族を超えて全人類を指向している言葉ではありませんでした。あくまでも、絶対王政をともに打倒したフランス民衆内における「リベルテ（自由）・エガリテ（平等）・フラタニテ（同胞愛）」が、そこでは叫ばれており、「女性」「子ども」「奴隷」等は、この時点では、まだ「人権」の主体となる「人」の内に入ってはいなかったのです。

さて、このような「王権」と対抗する「人権」の伝統を直接的に引き継ぐヨーロッパの「平等」の中心は、「王侯・貴族」と「平民」間の「法の前の平等」にありますが、王侯も貴族も存在しなかったフロンティアの国であるアメリカの「平等」は、「参加の平等（機会の平等）」に重点がおかれていきます。イギリス王室が日本の皇室よりもはるかに「自由」であることや、アメリカ合衆国が最も「自己責任論」の強い国である背景には、このような「人権」意識成立過程の歴史的事情があるのです。

革命の成功によって、フランスは、国王の国家から国民の自治（共和政）による国家へと変貌します。王の国は、王に仕える貴族（騎士）達や傭兵が守っていましたが、国民の国家（民主国家）は国民が守らなければなりません。こうして生まれたのが、世界最初の**「徴兵制度」**です。そして、徴兵された平民達によって組織されたフランス国民軍を操り、新生フランスに敵対する国家を次々と打ち破り、世界的軍事革命を起こしたのがナポレオンでした。

つまり、人権思想がどれほど普遍性を持つものであったとしても、一人ひとりの「人権」を守ってくれる公的存在は、現状では自分達の国家（民主国家）以外にないのですから、自分達の「国を守る」と言うことは、自分達の「人権」を守ることにつながるわけです。自分達の国家を失った難民や流民が、生存さえも危ぶまれる状態に置かれている事実を見れば、「国を守る」ということが、「人権を守る」ということの基盤にあるということは一目瞭然です。ただし、ここで求められる「国を守る」ための行動が、軍事に偏ることなく、人的交流や文化交流、外交も含めた総合的営為であるべきなのは言うまでもありません。

また、「国を守る」ことが拡大解釈されることで、多くの戦争が引き起こされてきた歴史に学ぶ中で、国際社会では、戦争行為を狭義の自衛目的のものに限定するための努力が積み上げられてきていることも指摘しておきたいと思います。

その意味では、自分達の「人権」を守るためには武装して「国を守る」、つまり「人権」を守るための「戦争」を承認しているということと、「戦争は最大の人権侵害である」という相矛盾する二つの考え方の間に、二十世紀以降の世界史はあると言えるでしょう。

近代以前の身分制社会において、「自由権」と「平等権（機会の平等・人格の平等）」の確立は、コインの裏表のように一体となったもので、相矛盾するものではありませんでした。けれども、産業革命を経、二十世紀に入って国家の枠を超えた経済活動が活発に行われるようになると、「自由」な経済競争の勝者である富者の「自由」が貧者の「生存」さえ脅かす、言い換えれば「経済活動の自由」が「生存の平等」を脅かすという新たな問題が生まれ、社会の不安定要因となり始めます。

そこで生まれたのが、経済を市場の「自由」に任せることなく、国家的にコントロールし、「分配の平等」を実現しようとする**「社会主義」「共産主義」**の**「統制（計画）経済」**の考え方でした。しかし、「平等」追求のために建てられたはずの社会主義・共産主義・国家社会主義の国家の実態は、一党独裁の全体主義国家でしかなく、独裁を守るための恐怖政治や誤った経済政策・戦争によって、他国民はもちろん、多くの自国民の生命までも奪ってきたことは、世界の歴史を振り返れば一目瞭然です。

一方、自由主義国家の中で、「経済の自由」とそれがもたらす「経済的不平等」を調整するために生まれたのが、労働者や社会的弱者に**「結果の平等（実質的平等）」**を保障するための**「社会権**（労働者の権利・生存権・社会福祉・社会保障）**」**という新たな「人権」でした。

「経済の自由」も重要であるが、無制限の「自由」は存在せず、実質的平等の実現・社会格差の是正といった「公的」問題解決のために、国家がさまざまな施策を行うこと、その過程で、富者が一定の経済的自由の制限を受けたり、より多くの公的負担を引き受けたりするのはやむを得ないという考えが「社会権」の基本には存在しています。その意味で「社会権（結果の平等）」は「自由権（経済活動の自由）」や「平等権（負担の平等）」と対立的な部分を持つものであり、「社会権」の確立は、異なる「人権」どうしが、時には対立し、互いに他を制限し合う関係になりうるということを明らかにしたという意味でも、画期的であったと言えます。

このような場面では、「全ての人権を大切にしよう」といった言葉は意味を失い、どのような「人権」をどの程度保障し、そのためにはどのような「人権」をどの程度制限していくのかといった、極めて現実的で政治的な議論が求められることになる上に、そこで得られる結論や決定には、満場一致は期待できないと言う現実が常にともなうことになります。

さて、経済の「自由」を基本的には認めながら、労働者の権利を尊重するとともに、**「社会保障」「社会福祉」**という回路を通じて社会的弱者にも実質的平等を保障しようとするこのような考えを**「社会民主主義」**と言います。今日、世界の自由主義国家の中で、「社会保障」「社会福祉」を否定している政党や政府は存在せず、あるのは、その内容や程度に対する考え方の相違だけですので、日本を含めた世界の大多数の国家の差異は、自由主義経済の矛盾を社会保障・福祉によってどの程度、あるいはどのように緩和するかにあると言ってもよいと思います。

しかし、増大する社会保障費への負担に対する反発からか、近年ではこのような考え方に対抗して、経済活動に最大限の自由を与え、国境を越えた市場原理に全てを委ねようという**「新自由主義」**が、一定の支持を得るようになってきている状況が生まれていることは、無視できない現実です。

最後に、情報化社会の到来によって新たに社会的承認を受けた「人権」が、**「プライバシー権」**です。「プライバシー権」とは、自己情報コントロール権のことで、行政機関や教育機関・金融機関等、他人が持つものも含め、自己情報に第三者が勝手にアクセスできないようにすることや、自己情報に自分自身が自由にアクセスできることを主な内容とします。個人情報の保護は、インターネットの普及にともない、多くの課題が明らかになってきている二十一世紀の「人権」とも言うべき分野で、基本的法律や制度の整備が急がれているところです。

三、「包摂社会（ソーシャル・インクルージョン）」と「人権のまちづくり」

長い間、日本人の暮らしは、「政府（社会保障・社会福祉）」「公共空間（地域社会）」「プライバシー空間（家族）」の三者の働きによって守られてきていました。しかし、都市化・核家族化・少子高齢化等の影響により、地縁・血縁の果たしていた社会機能が大幅に縮小し、一人ひとりの抱える多様な問題に、行政が直接向き合わなければならない時代が訪れてきています。そのため、社会保障・社会福祉の充実がさまざまな分野で叫ばれているわけですが、忘れてはならないのが、社会保障・社会福祉の充実には多くの予算が必要で、その予算の元となる国家の収入は、税金つまり国民や企業の負担以外にないということです。

「自由権」や「平等権」を保障することに、さほど予算は必要ありませんが、実質的平等を保障するためには、多くの予算を投入し、時代が要求するさまざまな社会福祉施策を実施していく必要があります。では、国はどの範囲でどの程度の施策を行えば十分なのでしょうか。日本国憲法は、「健康で文化的な最低限度の生活」（憲法25条）の保障を約束していますが、医療一つをとってみても、その内容や範囲は曖昧で、おそらく人によって判断が分かれるところでしょうが、間違いなく言えるのは「健康で文化的な最低限度の生活」は、科学技術の進歩とともに日増しにレベルアップし、よりお金のかかるものになってきているということです。

つまり、社会権を十分に保障するための税負担を国民や企業に求めていかなければならない一方で、保障すべき範囲は拡大を続け、内容の充実も求められてきているため、多くの予算、つまり税金が必要になっているということです。

ここで二つの考え方が生まれます。一つは、税負担が重くなってもよいから、充実した社会福祉政策を実施してほしいという考え方です。これに基づいて高福祉・高負担の政治を行うのが平等主義思想の強いヨーロッパ、かつてのイギリス（ゆりかごから墓場まで）や現行のスウェーデン方式の**「大きな政府（福祉国家）」**です。

もう一つは、社会福祉政策はそれほど充実させなくてもよいから、とにかく税負担を軽いものにしてほしいという考え方で、これに基づき低福祉・低負担の政治を行うのが、自由主義思想の強いアメリカ方式の**「小さな政府（夜警国家）」**です。

これに対して日本は、両者の中間とも言える中福祉・中負担の国家であったわけですが、高齢化社会の進行によって、多数の福祉を少数の現役世代が支えなければならない状況が生まれており、新たな選択の時が訪れてきています。また、世界的現実を見ても、ヨーロッパの福祉国家路線は財政的行き詰まりによって、アメリカの夜警国家路線は国民全体をカバーする健康保険も十分に作れないという現実によって、大きな壁にぶつかっており、世界的に見ても、これからの社会政策の有り様について、抜本的解決策が見出されていないのが現状と言えるでしょう。

その中で、国民に過剰な負担を強いることのない社会保障・社会福祉充実のための第三の道として、イギリスやフランスから提起されたのが**「包摂社会」路線（ソーシャル・インクルージョン）**です。

「包摂社会」路線（ソーシャル・インクルージョン）とは、近代化・都市化によって小さくなってしまった社会の相互扶助機能を、NPO法人やボランティア団体等を育成・活用しながら再生させ、官民が協力して**「大きな社会」**を再創造することで社会保障政策を補完していくという方法のことで、仕事を辞めた高齢者や未就労の学生に「社会貢献」という**「居場所と出番」**を与えることができるという点からも、注目を集めています。これが、多くの行政によって掲げられている**「人権のまちづくり」**の本質にほかなりません。

暮らしの中で、無理のない範囲でもう少しだけ周囲との関わりを深め、社会的相互扶助のネットワークを創ることで、少ない負担でより充実した福祉を自分自身も手に入れられるようになる、それが**「人権のまちづくり」**の可能性なのです。

四、「近世政治起源説」

「部落差別の起源」という時に、注意しなければならないのは「起源」という言葉の持つ意味です。「起源」という言葉は「始まり」と同義ですが、具体的に何を指しているのかが非常に曖昧で、人によってさまざまな受け止めができるところに大きな問題があります。また、始まりにこだわり過ぎると、つい全体を見失ってしまいがちになってしまいます。

研究者が「部落差別の起源」という言葉を使うときは、「部落差別」そのものではなく、「部落差別」を構成するさまざまな要素・要因を、歴史的に遡って探求しようとする時です。したがって、部落史研究の中で、部落差別を構成するある要素・要因が鎌倉時代にすでに存在していたことが明らかにされたとしても、それは、部落問題や部落差別が鎌倉時代に存在したという意味では全くありません。「うどん」を研究するために「小麦」という要素を調べ、「小麦」が○○時代に栽培されていたことが分かったとしても、○○時代に「うどん」があったわけではないのと同じです。

しかし、そのような研究を受けて、学校教育や市民啓発の場で、安易に「部落差別の起源」は鎌倉時代云々と言ってしまうと、聞いた人の大半は、部落差別は鎌倉時代から続いている問題で、被差別部落も当時から存在したのだと誤解してしまうでしょう。このように、研究の言葉をそのまま教育や啓発の場に持ち込むことには、一定の危険がともなうのであり、そのリスクを避けるために、研究の言葉を教育や啓発の言葉に翻訳するという作業が求められるわけです。

一方、同和対策事業が始まった頃に比べると、研究の広がりや深まりには目を瞠らせるものがあります。かつては、部落史に関係する研究は数えるほどしかありませんでしたが、今日では、それぞれの時代の差別—被差別の関係に言及しない研究の方が少数派なのではないかと思うほどで、研究内容も多岐に渡りかつ細部にまで及んでいます。したがって、「起源」の問題に限らず、部落問題に関する歴史研究の世界に足を踏み入れ、その成果を教育や啓発の場に活かそうと思うのなら、少なくとも大学院のマスターコースに進学して学ぶくらいの興味・関心、時間と覚悟が必要なことを知っておいてください。

そういう部落史研究の現状を考えれば、特設授業で実施する部落問題学習や人権啓発の目的は、現代の日本社会から部落差別をなくすことである以上、中途半端に起源の問題や研究の最前線の問題に触れない方が良いと私は思います。教育や啓発が問題とすべきなのは、あくまでも今起こっていることと、求められていることです。専門的研究に言及しなくとも、部落差別の現状や課題について、リアルタイムでしっかりと発信していくことができれば、充実した部落問題学習や市民啓発を行うことができるのではないでしょうか。

以上の考えを前提としながら、「起源」に関する問題について概説することにします。

まず、なぜ初期の部落問題学習や市民啓発の場面で、部落差別の起源が問題とされるようになったかと言えば、それは、どれほど歴史を遡ってみても、部落差別を「される側」と「する側」の間には何の違いもなく、どちらも同じ人間であり、民族的起源を異にするわけでもないという事実を明らかにするためでした。

そこで、単純で最も分かりやすい説明として使われるようになったのが、いわゆる**「近世政治起源説」**（1972年から教科書掲載）です。この説明のポイントは、以下の四つにあります。

①　部落差別の起源は、江戸時代（近世）に徳川幕府によって政治的に作られた（政治起源）身分制度であること。

②　その目的は、さらに低い身分を作ることで、支配階層にとって主要な収奪の対象であった農民の不満をそらすため**（分断支配）**であった。

③　部落差別の起源がこのようなものである以上、現代の部落差別を合理化・正当化できるような歴史的事実は一切存在しない。

④　政治的に作られた差別は、政治**（行政責任）**によって解決すべきである。

この**「近世政治起源説」**の普及は、同和教育における部落問題学習や市民啓発の中心的課題として長く取り組まれてきましたが、その後の歴史研究の進展によって誤りや不十分さが指摘されるようになり、2012年3月を以て、小中高すべての歴史教科書から姿を消してしまいました。その原因を作った、研究成果は以下のようにまとめることができます。

⑤　被差別の集団は近世以前から広く存在しており、彼らが中核となって、近世の被差別身分は形成されていった**（中世との連続）**。つまり、江戸幕府が新たに被差別の集団を作ったわけではない。それでは、どのような力が近世以前の被差別の集団を作り出していったのかと言うと、そこには、有力寺社や貴族、武士などの政治・権力の関与**（中世政治起源説）**と民衆の間に広まっていった**「ケガレ思想」を中核とする社会的差別意識（中世社会起源説）**の二つの要因があります。この時、社会的差別意識である「ケガレ思想」の問題を前面に出すと、女性差別やハンセン病者に対する差別等との共通性を語ることはできますが、政治責任を問うという視点が、結果的に後退してしまうという問題が出てきます。

⑥　江戸時代には「穢多・非人」以外にも多様な被差別民（雑種賤民）が存在しており、その形成過程や役割、他の身分との関わりは、地域ごとに異なっており、極めて多様である。したがって、画一的身分制度が江戸時代に広範に存在したわけではなく、幕府がどこかの時点で身分制度を確定し、各藩に同様の制度の実施を求めていったという事実はない（ただし、幕府自身は、「穢多・非人」を中心とした被差別身分の編成を指向していた）。

⑦　江戸時代の各身分は、その集団ごとにピラミッド型の支配構造を持っており、被差別民もその例外ではない。被差別民の中にも、支配する者とされる者があった。支配する被差別民の代表が、「関八州の頭」と呼ばれた世襲の**穢多頭・浅草弾左衛門**である。

⑧　身分と職業と居住地が三位一体となっていた江戸時代の各身分は、その集団ごとに一定の職業特

権や専業が保障されており、被差別民の貧困が問題となるのは、職業保障を一方的に奪われた明治以降である。江戸時代の被差別身分の中には一定の富裕層も存在しており、皮革の流通拠点として栄えた大坂の**渡辺村**のように、豊かな被差別の村も少なくなかった。

このような研究成果によって被差別＝「貧困」や被差別＝「被支配」といったイメージをともなった、歴史的説明としての「近世政治起源説」は役割を終えたのですが、修正を求められているのは①②の部分だけであり、過去の部落問題学習や市民啓発を通して訴えられてきた、③「部落差別の不当性」と④「行政責任」の部分までが間違っていたと指摘されているわけではないのです。むしろ、部落問題への関心や理解が、後退してきているのではないかと思われる現在、部落差別の不当性と問題解決のために行政が負うべき責任があることを再確認するためにこそ、「近世政治起源説」に代わる新たな歴史認識が追求されていることを理解しておく必要があります。

今後の部落問題学習や市民啓発において、「起源」の問題を始め、⑤～⑧の内容をどのように取り入れ説明していくのかは大きな課題です。中には「起源」を追求することそのものに意味があるのかという指摘もありますが、いずれにしても、教育や啓発の目的は、歴史の詳細を伝えることではなく、部落問題解決の具体的方法や施策について論議するための前提となる、必要十分な歴史知識や歴史の見方を身に付けてもらうことにあるという原点を忘れずに取り組むことが何よりも大切です。

註　拙稿「部落史ワンポイント講座・その2『ハレ・ケ・ケガレ』と浄穢思想」

日本の差別思想の根底と言えるものが「ケガレ」思想ですが、本来「ケガレ」とは、「ハレ・ケ・ケガレ」という三つの言葉で、循環的世界観を表現した日本固有の思想でした。漢字で書くとすれば、「晴れ」と「褻《け》」と「褻枯れ・気枯れ・毛枯れ」となります。

おおまかな言い方をすれば、活動のエネルギーそのものやそれが維持されている状態を表すのが「褻」（普段着のことを「褻着」と言う）で、「褻」のエネルギーが失われた状態を表すのが「褻枯れ・気枯れ・毛枯れ」、失われたエネルギーを回復するための、非日常的な行為や場を表すのが「晴れ」といったところでしょうか。

農耕のサイクルで言えば、種を植えて収穫するまでの状態が「褻」、収穫によって自然のエネルギーや地味が衰えた状態を表すのが「毛枯れ（この場合の毛は作物の実りを表す・二毛作の「毛」）」、それを回復するために象徴的に行う非日常的な「祭り＝祀り」が「晴れ」ということになります。

人生のサイクルで言えば、誕生から死にいたるまでの人生が「褻」、死を迎えることでやってくるのが「気枯れ」、失われたエネルギーを回復し新たな蘇りをもたらすための葬送儀礼が「晴れ」ということになります。

また、女性の場合は、「月経」や「出産」も、「褻」のエネルギーがいったん失われる「褻枯れ」の状態とされ、その際に利用する独自の「晴れ」の空間として「月経小屋」や「産小屋」が建てられることもありました。

このように、日本固有の「ハレ・ケ・ケガレ」思想は、すべての自然や人間が繰り返す「（象徴的）死」と「（象徴的）再生」の循環を表すものであって、排除や差別とは無関係なものでした。

ところが、この「ハレ・ケ・ケガレ」思想に、インドで生まれた「浄穢」思想が結合し、中国の「貴・良・賤」思想も統合されることで、特定の人々を排除する差別思想としての「ケガレ＝穢れ」思想が生まれることになったのです。

インドには、社会全体を一つの人体に見立て、頭に生まれた者が頭の役割を、手足に生まれた者が手足の役割を果たすことで、世界の秩序が保たれるとする考え方がありました。現代もヒンズー教によって受け継がれているこの考え方に基づいて生まれたのが、頭として生まれた人と手足として生まれた人を峻別し、固定的に捉えるカースト制にほかなりません。

釈迦は、このような考え方を否定し「一切衆生悉有仏性《いっさいしゅじょうしつゆうぶっしょう》（すべての人は仏となる可能性を持っている）」という平等思想を展開し、仏教を開いたわけですが、その一派である密教は「在家信者」を取り込む中で、インドの民間信仰を大幅に取り入れ（多聞天・増長天等「〜天」と呼ばれるものは、全てインドの民間信仰の神様で、仏に仕える存在として密教に取り入れられた）、結果的に「浄穢」思想の運び役となってしまいました。

こうして「浄穢」思想は、中国を経由し、密教とともに日本に輸入されることになってしまったのです。

仏教の中に組み込まれてしまった「浄穢」思想を象徴するのが、差別戒名問題が起こった時にも取り上げられたインドのアウトカーストの人々（不可触民）を指す「スードラ・チャンダーラ」の音訳、「センダラ・旃陀羅」という言葉です。空海の書いたものの中に、この「旃陀羅」という言葉が否定的に使われている事例がある一方、仏教の革新を唱えた日蓮は、自分は「旃陀羅」の子であると宣言し、民衆の中に教えを拡げていきます。

さて、渡来した「浄穢」や「貴・良・賤」思想と徐々に結合することで、本来は循環するものであった「ハレ・ケ・ケガレ」は、「ハレ」と「ケガレ」に二分され、やがて「貴＝浄＝晴れの存在」対「賤＝穢＝穢れた存在」という固定された対立の構造で世界が説明されるようになります。これが、日本特有の「ケガレ」思想です。

だいたい平安時代の半ば頃から、都に住む貴族の間で「ケガレ」思想は広がり始め、鎌倉時代の仏教の民衆化によって、広く日本社会に受容されていったと思われます。

また、インドの「浄穢」思想において、「穢」は触れることによって伝染すると考えられたため、「貴」族の間で、死や血の「穢」及び「穢」に触れた者や物を怖れ遠ざけようとする動きが顕著となり、最も怖れられた死穢については『延喜式』（927年完成・967年施行）によって「甲穢（死穢発生の場）・乙穢（甲の場に座った者とその家族）・丙穢（乙の者が座った家に住む家族）・丁は穢れとならない」の四段階が定められています。

これと並行して、死穢を中心とした「穢れ」を処理し、「貴」族を「穢れ」から守る人々が組織されるようになっていきました。これが、中世被差別民の中核となっていく「キヨメ」と呼ばれた人々の起源です。

（北九州市人権同和教育研究会の学習資料として使用）

註　藤沢靖介『部落の歴史像』（2001年・解放出版社）には、弾左衛門支配について以下のように記されている。「弾左衛門の支配範囲は、関八州と、伊豆国全域、および山梨県（甲斐国）、福島県（陸奥国）の各一地区、静岡県（駿河国）の二地区に及んだ。」「弾左衛門の住まいとその役所は、浅草北部にあった。通例浅草『新町《しんちょう》』『囲内《かこいうち》』と呼ばれ…略…約一万四千坪の広さで、周囲を塀、堀、寺で囲まれていた。」「町の南寄りに、弾左衛門の屋敷などがあった。そこは、…略…弾左衛門役所とか新町役所とか呼ばれたのである。」「新町の世帯数は、一八〇〇（寛政十二）年に二百三十二軒、そのうち役付が六十軒と高い比率を占める。…略…役所機能の比重の高い特別な部落であったといえよう。」「弾左衛門の支配地域では、牛馬の皮は勝手に処理してはならず、新町に集めることとしていた。」「新町には皮を鞣して売る皮問屋・皮革業者が数軒あった。雪踏作りも盛んに行われていたようだ。」「弾左衛門役所は、配下から三役銀と呼ばれる負担金・税金の類を徴収し、身分内の裁判権を握っていた。」「弾左衛門支配下の者の裁判は、弾左衛門によって執り行われ、新町内には牢屋が設けられていた。」「新町には『新町宿』とも呼ばれた公事宿が十数軒あった。」

註　のびしょうじ『皮革《かわ》の歴史と民俗』（２００9年・解放出版社）によれば、関東の弾左衛門の下に集積される原皮が一万枚程度であったのに対し、渡辺村は、その十倍を扱う日本最大の皮革集散地であり、近世後期には、問屋・仲買・小売り人を合わせた皮革商人が百人を越え、藩を相手として千両の金を動かすことができる大資本の問屋が10～20家あったと推測されると言う。

五、「賤民廃止令」と「特殊部落」

「近世政治起源説」のところでも述べたように、部落問題を歴史的に語るとき、江戸時代から始めることが多かったため、部落差別は江戸時代から始まった、部落問題は江戸時代から継続している問題であると思われがちなのですが、それは正確ではありません。江戸時代に被差別の立場に置かれたさまざまな集団があったことは間違いありませんが、その集団がそのまま明治時代になっても温存され、現在の部落問題が成立したわけではないのです。

江戸時代に存在した被差別民は、よく知られている「穢多」「非人」だけではありません。加賀藩の「藤内《とうない》」・薩摩藩の「慶賀《けいが》」・長州藩の「茶筅《ちゃせん》」・筑前藩の「寺中《じちゅう》」等、**「雑種賤民」**と総称される、その地域特有の被差別身分が存在する藩も少なくありませんでした。また、江戸の「穢多」「非人」と大阪の「穢多」「非人」では、その組織や役割に違いがあったように、それぞれの被差別集団の特徴や役割も地域ごとに異なっていたのですが、いずれの場合も「排除の差別」が存在しており、日常生活において、他の身分の人々との人間的交流が厳しく制限されていることにおいては共通していました。

ただし、「身分」「職業」「居住地」が一体となっていた江戸時代にあっては、どの階層に生まれた人も「職業選択の自由」「居住の自由」「婚姻の自由」等の「自由権」を制限されていたことも事実で、大多数の人々は、自分の所属する「身分」の枠の中で生まれ、生涯を過ごしていたのです。そのような意味では、江戸時代は、被差別身分の人々に限らず、すべての人が「自由権」「平等権」を制限されていた時代であったとも言えるのです。

一方、「身分」と「職業」が一体であった江戸時代には、流民とならない限り失業はありませんでした。「身分」は、「自由」と「平等」の実現を阻む壁であるとともに、それぞれの「身分」に認められた職業に対する参入障壁でもあったため、どの身分の中にも、一握りの豊かな階層を中心とした経済的ピラミッド構造が形成されており、身分の高低と、その人の経済的豊かさの間に、相関関係はありませんでした。被差別身分の中にも、皮革の生産や流通を独占することで、多大な利益を上げ、富の蓄積に成功した人々が存在したのです。そのような人々の暮らすコミュニティは、おおむね周辺の農村よりも豊かで繁栄しており、人口も増加の一途をたどっていました。また、支配・被支配のピラミッドも身分ごとに作られており、東日本を中心とする多くの地域では、被差別身分の中にも「頭《かしら》」と呼ばれる、支配する側の人たちが存在していました。これも、江戸時代の特徴の一つです。

それでは、日本社会に部落差別が生まれたのは、いったいいつのことなのでしょうか。それを知る上で重要なのは、「穢多」でも「非人」でもない、明治初期から使用され始めた「部落」という呼称が、差別的な意味合いを持つようになったのはいつなのか、本来は通常の集落を表すだけの、差別と無関係な言葉であったはずの「部落」という言葉が、「差別」と結びついた歴史的経過を知ることです。問題の始まりは、江戸時代の身分制度が廃止された時でした。明治4年の「賤民廃止令」により、『「穢多」「非人」等』（「等」は「雑種賤民」を指す）の江戸時代の被差別身分を表す言葉は、行政用語として一切使われなくなりました。天皇家・皇族・華族（旧大名＋旧公卿＋維新の功労者等）を除く人々の「身分」枠が撤廃され、法律上の「平等」が実現するとともに、「職業選択の自由」「居住の自由」「婚姻の自由」等の「自由」が、すべての人に保障されるようになったのです。ただし、身分制度廃止の目的は、近代的税制の確立（江戸時代の公的負担は身分ごとに内容や方法が異なっていた）、土地売買の自由の解禁（居住の自由が保障されていなかった江戸時代に、身分を超えた土地の自由な売買はできなかった）等、社会の近代化にあり、決して身分差別の撤廃や人格の平等の実現にあったわけではありませんでした。

そのため、「賤民廃止令」後も、社会的排除の慣習は当然のごとく継続し、旧被差別身分の人たちにとって、これらの「自由」や「平等」は単なる画餅に終わることも少なくありませんでした。その一方で、被差別身分に認められていた斃牛馬処理権に代表される職業特権や、地域ごとにあった特定商品の専売権等が失われただけでなく、被差別身分固有のものであった職業に対する新規参入が広く認められたことや海外からの製品輸入も解禁されたことで、厳しい自由競争にさらされるようになった多くの被差別のコミュニティでは、従来の職を失って都市の雑業や小作といった不安定で低収入の職に就く者が増加した上に、平等となった税負担の重圧も加わり、コミュニティの崩壊や階層分化・貧困化が急速に進んでいきました（町や村の一部分に組み込まれ社会機能の一端を担っていただけの小規模の被差別地域は、その仕事や役割の喪失とともに短期間で崩壊し、そこに居住していた人の多くは都市の貧民となっていったと思われるが、土地を所有し固有の生業を中心に独立したコミュニティを形成していたところは、貧困と向き合いながらも村を維持していったと考えられる）。

このような状況の中で、従来の指導者層・富裕層の流出と貧困層の新たな流入という現象が起こり、残された被差別の村は、不安定就労と貧困を特徴とする、江戸時代とは異質な被差別のコミュニティへと変貌していきます。こうして明治中期以降の被差別の人達は、「構造的貧困（不安定就労→貧困→早期就労→近代的教育からの疎外→不安定就労）＋貧困のもたらす諸問題（**実態的差別**）」＋「社会的排除の慣習の継続（**心理的差別**）」の中に置かれるようになりました。

このようにして形成されたコミュニティは、他の集落とは違う、特別な問題を抱えたコミュニティであるということで行政の注目を集め始め、明治30年代から40年代にかけて「**特殊部落**」という用語で呼ばれるようになりました。「**細民**《さいみん》**部落**」と呼ばれる場合もありましたが、この時は、被差別地域ではない単なるスラムも含まれています。こうして「特殊部落」という呼称が、被差別のコミュニティを表す一般的表現となっていき、後には、これを省略した「部落」という言葉も使用されるようになります。これが部落差別と部落問題の始まりです。ただし、周辺に被差別の人たちの暮らすコミュニティがない地域においては、「部落」は、通常の集落を表す言葉として、普通に使われ続けました。

その後、被差別の人たち自身による差別をなくしていくための運動が広がるにつれて、「特殊部落」という言葉は、「差別語」としてその使用そのものを問題にされていくようになります。代わる言葉として、１９３０年代に「**被圧迫部落**」といった言葉が使われたこともありますが、さほどの広がりはなく、「特殊部落」という言葉は社会の中でも、行政の中でも使われ続けます。

その「特殊部落」に代わり、戦後用いられるようになったのが、まだ差別から解放されていないコミュニティという意味を持つ**「未解放部落」**という言葉でした。しかし、差別問題は差別「する側」の問題であるということを考えると、被差別の側だけを「未解放」と呼ぶのは間違いであるということで、今日では**「被差別部落」**と呼ぶことが一般的です。

ところで、「部落」という言葉は、外部からの悪意を込めた呼称であるため、被差別のコミュニティに暮らす人々自身が、積極的に使うことはほとんどありません。代わりに使用されることが多いのが、「ムラ」という言葉です。高度経済成長期に多くの共同体が都市化の波に飲み込まれていったのに対し、開発から除外されることの多かった被差別のコミュニティには、伝統的な共同体意識や繋がりが残されていることが多いため、自分達が暮らす地域を、一つの「村」として意識する傾向が強いことに由来します。このような共同体意識は、差別をなくすための運動を支える大きな力ともなりました。

註　上杉聡「近世―近代部落史の連続面について」（『明治維新と被差別民』所収・２００７年・解放出版社）によると、「部落」という語が、今日的な意味において使われるようになった契機は、１８８７（明治20）年政府に提出された市制町村制草案の作成に関わったドイツ人モッセが、ゲマインデ（地方自治体）の訳語として「部落」ないし「自治部落」を当てたことに始まり、以後、進行する町村合併の中で、頻繁に使用されるようになった「部落」の語は、新しく誕生した町村内にある「旧町村」や「大字」を指す用語として定着していったと言う。

ということは、明治20年以前には、差別的文脈で「部落」や「部落民」という語が使用されることもなかったということになる。

註　小島達雄「被差別部落の歴史的呼称をめぐって」（『日本近代化と部落問題』所収・1996年・明石書店）には、「特種部落」や「特殊部落」の語が、差別的文脈の中で使用されるようになった経緯が以下のように記されている。「『特種部落』の語の初出は、…略…明治三二年にすでに奈良県の公文書、知事諮問に対する郡長答申『就学児童出席奨励方法』（『奈良県報』五二〇、M32・9・22）のなかに登場している。」「『特殊部落』の語の初出は、明治三五年の『明治三四年度奈良県学事年報』（〈奈良県教育会文書M35・7・14）であり、文部大臣に提出した奈良県知事名の公文書の中に現れる。」「これらの語の初出例に限らず、その後の使用例も…略…初期のものはほとんど…略…就学出席児童数に関する統計表備考欄や各種教育諮問会への諮問事項とその答申のなかで見出される…略…」「明治二〇年代末から三〇年代初頭にかけて、奈良県教育界の内部では『新平民』あるいは『新平民部落』の呼称にかわりうる語の模索が始まり、三〇年代の中頃にかけて『特種部落』および『特殊部落』の呼称が次第に醸成されていったのではないだろうか。」「明治二〇年代初頭から『貧民部落』の語が一種の公用語として使用されたことは…略…多くの用例でうかがわれるが、この時期『貧民部落』の語は必ずしも被差別部落のみを指したことばではなかった。」「強行される就学督責・出席奨励の動きのなかで、…略…『貧民』あるいは『貧民部落』の語に、『特種』あるいは『特殊』の語を接頭語として付けることによって、…略…区別あるいは差別化の動きが始まったといえよう。」「『貧民部落』の語義の転換点が…略…明治三五～三六年頃にあったといえよう。」「これらの語が、『奈良新聞』の社会面で使用されるとともに、急速に差別的な感化的内包を帯び始める。」

六、「部落改善事業」「融和運動」「融和事業」と「水平運動」

明治期から、被差別部落の陥っている困難な生活状況を何とかしようという動きは始まっています。その内、被差別地域側の暮らしや意識に差別の原因を見いだし、その変革のために行われたものが、**「部落改善事業」**（政府や自治体・関係機関による改善事業は明治後半から大正期にかけて実施された）です。部落改善事業は、「日露戦後の国力疲弊からの脱出が検討されるなか」、近代化の中で進行していた「農村経済と秩序の崩壊」から「地方農村を再建するべく、日露戦前から構想されていた」「地方改良運動の一つとして設定」され、「具体的実施は」「それぞれの地方にまかされた」（『部落解放史中巻』・部落解放研究所編・1989年解放出版社）ものでしたが、同情や憐憫、正義感あるいは治安対策といった動機から行われることが多く、事業規模や当事者の参加といった点も不十分に終わったと言えるでしょう。

部落責任論を根底に持つこのような改善事業は、さまざまな原因から低迷します。それに代わり、被差別の側と差別する側の社会的関係を変革しなければ差別はなくならないという問題意識を持って取り組まれるようになったのが**「融和運動」**です。

行政主導の治安対策的な融和団体もありましたが、中には奈良県の「大和同志会」（1912年創立）のように、自己解放を追求することで**「水平運動」**の先駆けとなった、当事者主体の融和運動団体もありました。

1920年代前半、「融和運動」が活発になり、貴族院議員の有馬頼寧《よりやす》を会長とする「同愛会」（1

９２１年発足）を中心に「全国融和連盟」（１９２４年）が結成され、「改善事業」が批判されるようになると、「改善事業」をリードしていた内務省は、「中央融和事業協会」（１９２５年）を設立するとともに、「改善事業」と**「融和事業」**の語を併用することで求心力の回復を図ります。

啓発行事や出版物については、その性質上「融和」の語が使われたため、用語としての「融和」は徐々に普及浸透していきますが、後述のように、１９４１年6月の「同和奉公会」の発足にともない「改善事業」「融和事業」の語は、**「同和事業」**と統一的に呼ばれるようになりました。

「改善事業」に比べると、「融和事業」は事業規模や当事者の参加の面で一定の前進があり、これに付随して部落差別解消・社会関係改善のための**「融和教育」**も、一部では行われました。だが、それはあくまでも、天皇の赤子《せきし》である臣民の間に不平等や対立があってはならないという問題意識に基づいて行われた取り組みであり、事業内容や実施地域の広がりの面から見ても限界は明らかでした。

このような「融和事業」に代表される戦前期の取り組みのスローガンとなったのが、「同胞融和」「同胞一和」という言葉です。いずれも「天皇の下で一つになろう」「臣民たるものみんな仲良くしよう」という意味の、差別や人権とは無縁の言葉でした。

その後、日中戦争泥沼化の中で国家総動員体制の構築が強く求められるようになると、その視点からの差別解消を目指す「同和」という言葉が、「融和」に代わって徐々に使用されるようになり、昭和16年6月、中央融和事業協会が「同和奉公会」に改組されると、融和教育が同和教育へと名称変更されるなど、部落問題を表す公的表現が「同和」に統一されることになったのです。以来、今日に至るまで、行政の中では、部落問題を表す用語として「同和」が使用され続けています。

このような取り組みとさまざまに関係しながら、被差別部落民自身が団結して差別と闘い、「賤民廃止令」によって保障されているはずの「自由権」と「平等権（機会の平等・人格の平等）」、つまり自分達の尊厳を回復しなければならないと考える人たちが、各地に生まれていきます。ロシア革命や大正デモクラシー等を背景に持つこのような動きは、後に「水平運動」と総称されるようになります。「水平」とは、平等という意味です。

自己解放の運動に賛同する被差別の人々が一つにまとまり、できあがったのが**「全国水平社」**（1922年創立）です。「全国水平社」の結成は国境を越えた話題となり、イギリスやアメリカ、ソ連などの新聞でも紹介されました。

水平社の取り組みは、被差別側の機会の平等や人格の平等を否定するような個々の差別的言動に抗議し、謝罪広告の新聞掲載や具体的補償を要求する**「個別糾弾闘争」**を中心に行われましたが、その対象は、軍隊（福岡連隊事件・1926年）や裁判所（高松差別裁判糾弾闘争・1932年）といった公的機関における差別的取り扱いの問題にまで及んだため、官憲による弾圧の対象となることも少なくありませんでした。

しかし、部落差別解消のため「貧富に関わらずあくまでも部落差別意識を持つ者と闘っていく」「低賃金労働者や小作農民といった貧しい人々との連帯を重視して運動を展開する」「天皇の下の平等を求めていく」「行政にさまざまな施策の実施を求めていく」といったさまざまな考えが水平社メンバーから出された結果、水平社メンバーの間で対立や争いが生まれ、組織は分裂に追い込まれていきます。そして、最後まで水平社にとどまったメンバーも、日中戦争に端を発する戦時体制強化の中で、ついに運動を継続することができなくなり、水平運動は一時的中断に至ったのでした。

註　朝治武「『同和』という名称の歴史的意味」（真宗大谷派解放運動推進本部紀要『身同』第24号・第25号合併号所収・2004年12月）では、「同和」という用語の使用の歴史的経過が簡潔にまとめられ、さらにその意味について、以下のような重要な事実が指摘されている。長くなるが関係部分を引用したい。

「部落問題と関連して初めて『同和』という名称を冠した団体は、一九二三年六月五日に設立された同和事業研究会であった。同和事業研究会は政友会の衆議院議員であった横田千之助によって設立され、会長の横田と常務理事の遠島哲男が中心を担った。同和事業研究会の『同和』という名称は、『融和』や『諧和』の意味で使われた。」

「同和事業研究会の活動の軸は国民間における同和の推進や政府に対する地方改善事業の要望などの部落問題であったが、同時に『朝鮮人同胞の育英』『台湾人同胞に対する援助』なども掲げられた。」

「八月には三好伊兵次『同胞諧和の道』（隆文館、一九二三年）が発刊された。…三好においても部落問題の解決は朝鮮や台湾の同化という日本の植民地支配と連動していたのである。」

「各府県における融和団体の一つが、一九二四年三月に設立された和歌山県同和会であった。各府県融和団体は名称も異なっていたが、『同和』という名称を名乗ったのは和歌山県同和会のみであった。…『同和』という名称は三好とほぼ同じく『同胞諧和』『親善融合』そして『融和』を意味するものであった。」

「一九四一年六月、中央融和事業協会は同和奉公会に改組され、各府県融和団体もその支部に改められることになった。同和奉公会の『同和』という名称は、一九二六年一二月に昭和天皇が大正天皇のあとを継いだ時の『践祚後朝見御儀の勅語』にある『人心惟レ同シク民風惟レ和シ汎ク一視同仁ノ化ヲ宣ヘ永ク四海同胞ノ誼ヲ敦クセン』という語句からとられたものであった。つまり『同和』という用語は、原義的には天皇制思想に基づいて国民の一体化を意味するものであった。しかし『同和』という名称は単なる国民の一体化でなく、…強力な戦時動員体制確立のための国民一体化に即応しようとするものであった。」

「同和奉公会への改編によって『融和』という名称は『同和』に変更され、融和事業や融和教育などは同和行政や同和教育などと呼ばれるようになった。つまり同和奉公会の改編から、国家としての部落問題についての正式名称は『融和』から『同和』に転換したのである。」

七、「部落解放運動」と「差別行政糾弾闘争」

戦争のために実質的に消滅してしまっていた水平運動は、戦後**「部落解放運動」**と名を改めて再出発します。運動の再建にあたり、新たに運動の主眼に据えられたのが**「差別行政糾弾闘争」**、略して「行政闘争」です。

現象として次々と起こり続ける無数の差別事件ではなく、その根元にある被差別部落の暮らしそのものを変えることが重要だと考えたのです。

差別の結果、就労・就学・健康・住環境等多くの点で劣悪な状況に置かれ、「貧困→早期就労・不就学→不安定就労→貧困」という悪循環を繰り返す被差別部落の現実に対し、抜本的対策を講じないまま放置していることを、部落差別の存在と継続を容認する差別行為であるとして、行政の不作為を追及することが、この闘争の大きな目的でした。

社会的原因により平等の実現が阻害されている集団や個人は、実質的平等を保障される権利を持つとされるのが、「社会権」という考え方です。欧米ではすでに認知されていたこの「社会権」の考え方に基づき、部落解放運動は、部落差別解消のための幅広い行政施策の実施を求めていったのです。

当初、行政闘争の対象は各地の地方自治体にとどまっていましたが、財政規模の問題もあり、やがて、部落差別解消のための広範な**「国策樹立」**を、政府に要求するものへと発展拡大していきました。

行政闘争の結果、政府は部落問題に対する行政の不作為が差別の容認・助長となることを認め、何らかの国策を講じることを約束しました。そこで、どのような国策が必要であるかを審議するために、有識者や当事者の代表を集め、政府の諮問機関として作られたのが、**「同和対策審議会」**（１９６１年第一回総会）です。そして、「同和対策審議会」が、政府に対し、国策の在り方に関する基本的方向を指し示したものが**「同和対策審議会答申」**（１９６５年）にほかなりません。

答申の中では、部落差別の解消が「国民的課題」であるとともに「行政責任」つまり国の責任であることを明示した上で、被差別部落の人々の生活の中にある**「実態的差別」**や、社会から被差別部落の人々に向けられる予断や偏見＝**「心理的差別」**をなくすための取り組み、悪質な部落差別を取り締まるための法整備＝**「差別の規制」**、部落差別によって被った物理的・心理的被害を保障回復するための法整備＝**「差別からの救済」**が求められていました。

この答申を受け、国がまず着手したのが、「実態的差別」を解消するための「環境改善事業」を中心とする**「同和対策事業」**と、「心理的差別」をなくすための**「同和教育」「社会同和教育＝社会啓発」**で、内容的に早急な対応が難しいと判断された「差別の規制」や「差別からの救済」に関する法整備は、検討課題として保留され、今日なお決着を見ていないのが現実です。

八、「同和対策事業」と「同和地区」

「同和対策事業」や「同和教育」「社会同和教育＝社会啓発」を実施するため、国は特別な予算を組むことになりました。そこで作られたのが、10年間の時限立法**「同和対策事業特別措置法」**（１９６９年施行）でした。この同和対策のための法律は、その後、事業の範囲や規模の縮小、名称の変更等をともないながら２００２年まで継続されることになります。

このように、「社会権」の考え方に基づき、実質的平等の保障のため、特定集団に対して特別の待遇を与える行政施策は、**「アファーマティブ・アクション（優遇措置）」**と呼ばれ、アメリカやインド等各地でも実施されており、決して日本独特のものではありません。

同和対策事業の実施に当たっては、事業の対象となる地域や個人を行政的に決定する必要がありました。地域ごとの特性に応じ、自治体ごとにさまざまな手段と基準で、地域**（属地）**や個人**（属人）**の決定が行われましたが、そこで認定された同和対策事業の対象となる地域は、行政用語で**「同和（対策事業対象）地区」**と呼ばれるようになりました。したがって、総ての同和対策事業が一般対策に移行した現行法の下で、事業対象地域を意味する「同和地区」は存在しません。あるのは「旧同和地区」だけということになります。

ただし、１９４３年9月開催の近畿地方同和教育研究協議会テーマとして、大阪府から「関係地区を含まざる学校に於ける同和教育深徹の方法」が提起されていることが、『自覚と誇り「大阪の部落史」を読む・近現代』（２００６年・解放出版社）所収の伊藤悦子「同和教育　戦前の到達点」に記されていますので、戦前の段階ですでに「(同和)関係地区」という用語が、事業とは無関係に用いられていたことが分かります。その意味から言えば、「同和(関係)地区」は事業終了後も変わらず存在していると言えるでしょう。

さて、事業対象となる地域や個人の決定は、もともと差別「する側」の主観の問題である差別「される側」の範囲を、客観的に決定するという本質的矛盾をはらんでいる上に、個々人のプライバシーの問題もあり、多くの隙間を生むことになりました。その隙間に起因するのが、本来資格のない者が当事者をよそおって不当に事業等の恩恵に浴しようとする**「えせ同和行為」**でした。また、行政当局によるチェックの甘さにつけ込んだ、当事者による同和対策事業の悪用が、いわゆる**「同和利権」**の問題です。

さらに、近隣地域と「同和地区」のバランスを考えずに行われた環境改善事業や、所得制限なしに導入された個人給付事業(後に所得制限導入)は、「同和対策事業は被差別部落住民だけを優遇する逆差別である」との**「ねたみ差別」**を生み出してしまいました。

その一方で、地域認定は地元の申請に基づいて行われましたので、被差別部落であっても運動の活発でない地域や「事業が行われることで逆に差別が強まってしまう」といった考えが根強い地域からは、地区指定の申請がなされず、結果的に事業も行われないまま放置されました。このような地域を**「未指定地区」**と言います。

同和対策のための特別な予算措置はもう不要であるとする政治的判断によって、同和対策のための特別措置法は2002年3月をもってなくなりましたが、それは、今後の同和対策事業は一般対策の中で行うという意味であり、部落差別解消のための事業を行わないということではありません。また、2000年の**「人権教育・啓発推進法」**によって、部落差別を始めとする全ての人権課題解決のための教育・啓発の継続と発展が求められていることも忘れてはなりません。

同和対策事業にも問題点があったことは否めませんが、それが、たくさんの被差別の人々に就労や就学、自己啓発の場を提供し、人間解放をもたらしたものであったことは間違いありません。マスコミの報道が、どうしても負の側面に集中するため、そのことが伝わらないのは残念です。

また、江戸時代の「穢多」「非人」、明治以降の「新平民」（後述）、「特殊部落」、「同和地区」等、被差別の人々を表す言葉は、総てその時代の「行政用語」です。「行政用語」以外に、被差別のコミュニティを総称する言葉が存在しないという事実は、差別と政治の関わりの深さを表すとともに、解消のための責任を政治が負うべき事を何よりも雄弁に物語っています。

九、「科学的認識」と「異民族起源説」

「同和教育」や「社会同和教育」を通し、社会に広く存在する予断や偏見をなくすため、学校や行政によってまず取り組まれたのが、「科学的認識」の普及でした。

具体的には、当時多くの人の間で信じられていた被差別部落の起源に関する俗説、**「犯罪者起源説」「異民族起源説」**「落武者起源説」「職業起源説」「宗教起源説」等は、すべて誤りであること、そして、被差別部落の起源は「江戸時代に、徳川幕府が、農民の不満をそらす（分断統治）ために、被差別身分を設けたことにある」＝「近世政治起源説」（1972年から教科書掲載）という、当時は正しいとされた考え方を広めることに取り組んだのです。

非科学的俗説とされたものには、**「異民族起源説」**のように漢民族や朝鮮民族に対する差別意識とも繋がった二重の差別性を持つもの、「落武者起源説」のように現在は被差別の立場であってもかつて自分達は貴種であったとする、被差別の側からも信じられていたもの、「職業起源説」のように部分的には妥当性のあるものなど、さまざまな質のものが存在しますが、「被差別部落の人々とそうでない人々の間には、その起源の段階から大きな違いがある」という認識においては共通しており、まさにその部分こそが、差別を助長する**「非科学的認識」**であるわけです。

一方、「近世政治起源説」の方も、現在では歴史理論として不正確であるという理由から、教科書記述から完全に消えてしまったのですが、「被差別部落は、特別に他と異なる起源を持つわけではない、つまり同じ人間である」という考えを根底に持つことにおいては、今日なお「科学的認識」であると言ってよいでしょう。

ところで、近年の住民意識調査の結果から、「非科学的認識」の代表とも言える「異民族起源説」が、未だに1～2割の住民によって支持されている現実が明らかになっています。さらに、「異民族起源説」の支持者は、「異民族起源説」と矛盾するはずの「近世政治起源説」もまた正しい考えであるとして、同時に選択していることが多いという傾向もあるのです。このことは、新しい考え方が入ってきても、従来の考え方が訂正されるわけではなく、両者が併存するようになるだけであるという事実を表しているように思います。ということは、新しい考え方を伝えるという間接的方法ではなく、「異民族起源説」は完全な誤りであるということを繰り返し伝えていくことが、住民意識を変えるためには欠かせないということなのです。これからの教育や啓発を考える上で、ぜひ留意して欲しい点の一つです。

十、「部落責任論」と「封建遺制論」

部落差別の結果と原因を逆転させ、被差別部落の一部に見られる負の現象を取り上げ、「〜だから、彼らは差別されるのである」と結論づける考え方を**「部落責任論」**と言います。前述した被差別部落の起源に関する俗説の多くも、この「部落責任論」の文脈で生まれたものと言えるでしょう。「する側」の問題である「差別」を、「される側」の問題に転嫁して、「する側」の責任から逃れようとするこのような立論は、多くの差別問題に共通して見られるものです。

少人数の啓発の場でホンネトークを促すとよく出てくるのが、被差別部落住民との個別の関係の中で、なにがしかの不利益や被害を被った、だからあの人たちは云々という意見です。しかし、冷静に考えれば分かることですが、それは被差別部落に住む特定のAさんの問題であって、「あの人たち」の問題ではないのです。Aさんとの個人的関係の問題が、いきなりそこに暮らす総ての住民の問題に飛躍してしまう「ステレオタイプ」にこそ、「差別」があるのです。

この「部落責任論」の一種として、よく啓発の場で登場するのが**「部落分散論」**です。「被差別部落の人たちが、固まって住んでいるから差別されるのだ」という考え方のことですが、「居住の自由」を否定した暴論であると言えます。誰がどこに住んでいようと、間違っているのは、差別を「する側」であって「される側」ではありません。

また、原爆のために壊滅的被害を受けた被差別部落が長崎市内にあったのですが、分散して住むようになってからも部落差別は続いていたことが、当事者の告発によって明らかにされています（長崎県部落史研究所編『ふるさとは一瞬に消えた』1995年・解放出版社・参照）。

「部落差別は、江戸時代に創られたものだ。現在の差別は、江戸時代の差別の残滓《ざんし》(残りかすのこと)である。だから、放置しておけば、自然になくなっていくはずだ。」これが**「封建遺制論」**です。この考えと連動した、「被差別部落を対象として特別な施策を実施したり、被差別部落の存在をことさら取り上げ、何らかの知識を広めるような教育・啓発を実施したりすることは、逆に差別を温存することになる。だから何もしない方がよいのだ。」という考え方を**「寝た子を起こすな」**論と言います。住民意識調査の結果を見ると、未だに2～3割の人が、この考え方を支持していることがうかがえます。

しかし、部落差別の問題は、前述のように明治時代に生まれた新たな差別問題である上に、行政施策を積極的に実施しなければ、被差別部落の実態は改善されず、被差別部落に対する予断や偏見も解消されないことは、明治4年の賤民廃止令からすでに百年近い月日が過ぎていた事業実施前の被差別部落の生活実態調査によって明らかであり、「封建遺制論」「寝た子を起こすな」論の誤りは明らかです。

十一、「戸籍・住民票閲覧制限」と「本人通知制度」

部落差別を「する側」の人々は、結婚や就職に際し、その人が被差別部落出身者であるか否かを、大きな判断材料とします。その判定のため、長い間使われてきたのが、本籍から家族の状況まで、さまざまなプライバシーが記載されている戸籍でした。

とりわけ活用されていたのが、明治になってまもなく作られた、**「族称欄」（華族・士族・卒族・平民）**に旧被差別身分であることが分かるようなさまざまな記載**（「新平民」「元穢多」等）**がなされている**「壬申《じんしん》戸籍」**でした。

そのため、部落解放運動が取り組んだのが**「壬申戸籍廃棄要求闘争」**です。この運動の結果、1968年「壬申戸籍」は閲覧禁止となり、法務局によって回収され、歴史資料として厳重保管されることになりました。

「壬申戸籍」の記載で特に問題となったのは「族称欄」の差別記載でしたが、戸籍の「家族欄」や「本籍地」もまた、部落差別を「する側」にとって有力な情報となります。そこで運動は、より包括的な「戸籍閲覧制限」を目標に掲げて活動を展開し、**「戸籍謄本等公開制限措置」**（1976年）や**「住民票公開制限措置」**（1985年）等の成果を見るに至ります。

この結果、戸籍謄本の取得に当たっては、その使用目的の記入が必要となり、不適切な目的で戸籍を入手することはできなくなりました。しかし、職務との関係から、弁護士や行政書士等8種類の資格を持つ者に対して、この法律は適用除外となったため、有資格者をよそおって請求用紙を盗み戸籍を入手する事件が起こったほか、請求用紙の管理が厳重になってからも、有資格者自身(未開業者を含む）が営利目的で戸籍を入手して転売したりする事件が繰り返し起こっています。

また最近は、部落差別に無関係と思われるものも含め、個人情報の不正取得が大きな企業ビジネスとして展開される傾向にあり、以下のような業者が摘発されています。

東京「プライム社」　２００８～２０１１年（3年間）　2億3、５００万
名古屋「情報屋」　２００７～２０１１年（5年間）　12億7、０００万
長野「エイシンリサーチ」　２００９～２０１１年（3年間）　6、０００万
群馬「ベルリサーチ」　２００８年１～9月（8ヶ月）　1億5、０００万
東京「エスアールシー」　２００７～２０１２年（5年間）　4億5、９８１万

（部落解放同盟中央本部片岡明幸さんの部落解放研究第47回全国集会報告より）

この内、「エスアールシー」の不正取得事件では、福岡県内でも、35市町村・６５７件・９０５枚の戸籍住民票が不正に取得されていたことが判明しています（部落解放同盟福岡県連合会調べ）。

これらの問題を未然に防ぐ手段として、戸籍謄本等を発行した場合、行政が本人にその旨を通知する制度（事前登録型を含む）が、２０１３年10月1日現在、全国３７８の自治体で整備・運用されるようになっており、埼玉県・京都府・鳥取県・山口県・香川県・大分県では全ての自治体が、大阪府では43自治体中40自治体が実施しています（部落解放同盟中央本部調べ）。

福岡県では、２０１４年9月6日現在、60自治体中、福岡市・筑紫野市・太宰府市・春日市・大野城市・那珂川町・朝倉市・筑前町・東峰村・大牟田市・久留米市・柳川市・八女市・筑後市・大川市・小郡市・うきは市・みやま市・大刀洗町・大木町・広川町・飯塚市・芦屋町・水巻町・岡垣町・遠賀町・中間市・田川市・行橋市・宮若市・嘉麻市・豊前市・桂川町・築上町・古賀市・新宮町・宗像市・福津市・香春町・添田町・川崎町・赤村・糸島市・糸田町・大任町・福智町・吉富町・上毛町の48自治体が、この「本人通知制度」を実施しているほか、苅田町・みやこ町も導入が決定しています（部

落解放研究第48回全国集会討議資料・P.183、２０１４年福岡県差別事件報告集会資料・P.15参照）。ただし、「事前登録型」の制度を採用した自治体では、登録者の割合がいずれも数％にとどまっており、制度の周知徹底が課題となっています。

十二、「全国統一応募用紙」と「公正採用・公正選考」

採用にあたり、かつての企業は独自の応募用紙（**「社用紙」**）を作成し、選考材料としたい全ての個人情報を応募者に記入させ、提出させていました。そこには、家族の学歴や職業、収入・資産の有無・住居や居住地についての詳細な記述等、本人の適性・能力とは無関係の情報が多く含まれていたため、被差別部落出身者にとって、安定就労の大きな妨げになっている現実がありました。

そこで、部落解放運動と同和教育運動が連携して問題の解決に取り組んだ結果、本人の適性・能力によって公正に選考が行われるよう、全国高等学校長協会が定めた**「全国高等学校統一応募用紙」**（１９７３年）が、「社用紙」に代わり使用されるようになったのです。統一応募用紙は、その後、１９９６年、２００５年の二度の改訂を経て、今日では、採用後に必要となる「本籍・家族・保護者」欄も削除されています。

なお、中卒者については「職業相談票（乙）」を、大卒者については、「厚生労働省標準的参考例に準じた様式」の応募書類を、一般の応募者から提出させる履歴書は、ＪＩＳ規格のものを使用するように定められているほか、別に戸籍謄（抄）本を要求したり、本籍等差別につながるおそれのある事項を調査したりすることは、**「公正採用・公正選考」**の観点から禁止されています。

「社用紙」が廃止されて以降、問題となったのが、採用面接時の質問内容です。長い間採用選考の材料とされていた、家族等に関わる個人情報を応募用紙に記入させることができなくなったため、面接の中で聞き出そうとするもので、詳細な住所や親の職業等を聞き出そうとする悪質な質問が、なかなかなくなりませんでした。しかし、関係機関の努力や企業の人権意識の向上によって、近年は状況が改善されており、面接担当者の学習不足による不用意な違反質問を除けば、少なくとも正規採用の場合は、本人の適性・能力による公正採用・公正選考がほぼ行われていると言ってよいのではないでしょうか。これも、部落解放運動の大きな成果の一つです。

十三、「地名総鑑」「身元調査」と「探偵業の業務の適正化に関する法律」

１９７５年11月、購入を呼びかけるダイレクトメールのチラシを添えて、部落解放同盟大阪府連合会に送られてきた匿名の告発文によって、**「地名総鑑」**の存在が初めて明らかになりました。これ以降の調査で発見された「地名総鑑」は合計10種類に上っています。１９８９年の法務省の終結宣言の段階では8種類だったのですが、２００５年12月から06年1月にかけて、過去に作成されたと思われる新たな「地名総鑑」が二種類、部落解放同盟大阪府連合会によって発見されており、「地名総鑑」事件は、現在も未解決の部分を残していると言えます。

また、1冊５０００円～４５０００円で販売されていたこれらの冊子を購入した企業（個人）は、判明しているだけで延べ（複数冊購入・複数回購入等含む）２２３社（人）に上っています。

その販売時期は、１９７０年と１９７５年に集中していたことが分かっており、それぞれ「壬申戸籍」閲覧禁止措置と統一応募用紙実施の直後であることから、従来の雇用慣行の持っていた差別性を十分に認識できなかった企業（個人）のニーズが、「地名総鑑」問題の根幹にあったことは明らかです。

地名総鑑購入企業は、厳しい追及を受けることになりましたが、この出来事をきっかけに、多くの企業が、再発防止のため、部落問題に関する社内研修を始めとするさまざまな人権尊重の取り組みを実施するようになりました。

１９７７年、労働省も**「企業内同和問題研修推進員の設置を求める通達」**を出し、１００人以上の従業員を抱える事業所に対して、推進員の設置を求めましたが、自治体によっては、独自にこの基準を25人以上に改めたところもあります。これを受け、１９７８年には大阪／京都で同和問題企業連絡会が、福岡で企業同和問題推進協議会が結成されています。

なお、「企業内同和問題研修推進員」の制度は、１９９７年以降**「公正採用選考人権啓発推進員制度」**に改変されました。

「地名総鑑」制作・販売者の多くが、いわゆる興信所・探偵社であったこと、また制作者の証言によって、興信所・探偵社への依頼の多くが、結婚や就職に際しての部落差別調査であることが明らかになり、広範な**「身元調査お断り運動」**が展開されるようになるとともに、「営業の自由」はあっても「差別の自由」はないはずであるとの考えに基づき、このような差別営業を規制する法律の必要性が論じられるようになりました。

その結果、無届け営業が可能であった興信所や探偵社を、行政が責任を持って管理・指導し、場合によっては営業を規制するための条例（「興信所条例」）がいくつかの自治体で作られていきました。その最初が、1985年に大阪府で成立した**「大阪府部落差別事象に係る調査等の規制等に関する条例」**で、その後熊本県・福岡県（福岡県部落差別事象の発生の防止に関する条例）（1995年）、香川県・徳島県（1996年）でも、同様の条例が作られました。

これらの条例は、1965年の同和対策審議会答申に記された「差別に対する法的規制」＝「規制法」への第一歩であると言えます。

その後、全国をカバーする法律として、議員立法**「探偵業の業務の適正化に関する法律」**（2006年6月2日）が成立し、「探偵業務を行うに当たっては、…略…個人の権利権益を侵害することがないようにしなければならない」「違法な差別的取扱いその他の違法な行為のために用いられることを知ったときは、当該探偵業務を行ってはならない」といった条文が盛り込まれましたが、業者が「被差別部落出身者ではなかった」という報告をした場合や、戸籍謄本や「地名総鑑」に類する文書によって報告を作成した場合、この法律に抵触するのか否かは曖昧であるといった問題点も残されています。

部落解放運動が中心となったこのような一連の取り組みは、日本における「プライバシー権」擁護の先駆けであると言えます。

ところが、インターネットの普及は、「地名総鑑」まがいのHPまで生み出しており、従来の成果を根底から否定してしまうような現状を生んでいます。

ネット上の誹謗・中傷やプライバシー侵害に対応する法律としては、2002年に施行された**プロ**

バイダー責任法があり、被害を受けた人が、書き込み内容の削除や書き込んだ人の氏名の開示を要請できるようにはなっていますが、強制力はなく、応じるかどうかはプロバイダーやサイト管理者の判断に委ねられています。また、個人名や組織名等の当事者が登場しない書き込みの場合は、要請そのものもできません。

このようなネット上のさまざまな差別記載や差別表現の氾濫の問題も併せ、「プライバシー権」擁護の見地からも、有効な対策と法整備が求められるところです。

十四、「土地差別」

部落問題の中で、近年クローズアップされているのが「土地差別」の問題です。差別問題は「する側」と「される側」の関係の問題で、誰が「される側」なのかは、「する側」の恣意によって決定されるということを「一」で述べましたが、例え境界が曖昧であっても、「する側」と「される側」の間には何らかの違いがあり、その違いが社会的要因や政治的要因によって優劣や上下の問題に置き換えられ、差別が生まれていくことが通常です。民族差別・障害者差別・女性差別といった事例を想像してもらえば、「する側」と「される側」の間に違いがあることが分かると思います。

ところが、部落差別の場合、「する側」と「される側」の間に、地域限定的なものではない、何か違いとなる「徴《しるし》」があるかと言えば何もないのです。血統の問題を持ち出す人がいるかもしれませんが、特措法時代、同和対策事業の対象地区として指定された地域の中に、江戸時代以前にまで遡って存在が確認できる地域はあっても、その地域で暮らす人は、時代の移り変わりの中で、常に入れ替わってきたと考えられます。そもそも、自分の先祖の出身地をどこまでたどれるかと言えば、せいぜい祖父母まではないでしょうか。

そこで「される側」の目印となるのは、どうしてもその人が住んでいる（住んでいた）土地になってしまうのです。

このことに関し、三重県人権センターが発行している『土地差別を考える』という啓発パンフレットには、２００９年Ａ市と２０１０年Ｂ県が行った意識調査から、「世間ではどのような理由で同和地区出身者と判断していると思いますか」という複数回答の問いに対する以下のような結果が掲載されています。

① 本人が現在同和地区に住んでいる	Ａ市５５・３％	Ｂ県４１・４％
② 本人が過去に同和地区に住んだことがある	Ａ市２３・７％	Ｂ県１９・２％
③ 本人の本籍地が同和地区にある	Ａ市３５・７％	Ｂ県３１・８％
④ 本人の出生地が同和地区である	Ａ市３５・２％	Ｂ県３０・２％
⑤ 父母あるいは祖父母が同和地区に住んでいる	Ａ市２９・３％	Ｂ県２５・１％
⑥ 父母あるいは祖父母の本籍地が同和地区にある	Ａ市２１・９％	Ｂ県２２・５％
⑦ 父母あるいは祖父母の出生地が同和地区である	Ａ市２０・２％	Ｂ県２２・１％
⑧ 職業によって判断している	Ａ市　５・１％	Ｂ県１３・５％
⑨ その他	Ａ市　１・０％	Ｂ県　２・１％

⑩　わからない　　　　　　　　　　　　Ａ市２２・９％　Ｂ県２０・７％
⑪　無回答　　　　　　　　　　　　　　Ａ市　３・８％　Ｂ県１２・２％

「職業」と回答した住民もB県では1割以上いますが、圧倒的多数の人が土地との関わりによって、その人が部落差別の対象となる人かどうか判断していることがうかがえる結果です。

ということは、部落問題においては、居住地を変えるだけで、一瞬の内に差別「する側」であった人が「される側」に変わるということが起こりうるということです。また、祖父母の出生地と回答した住民が2割程度いることから、自分も知らなかった祖父母の出生地が判明することで、突然差別「される側」になる人がいるかもしれません。

いずれにしても、部落差別の不合理さを端的に表している事象に過ぎないのですが、部落差別意識に囚われている人はそのようには考えず、住居を新たに定める場合には、「同和地区」とされている土地を避けなくてはならないと思いこんでしまうのです。

そのような強迫観念に囚われてしまった人と、不動産業者の間で交わされる同和地区の存在に関する様々な言動が「土地差別」と呼ばれているものです。

この顧客と不動産業者との間で発生する差別には、被差別の当事者が登場しません。しかも、その土地の近隣に同和地区があるか否かという、客観的事実を問題としているだけなので、特定の誰かに対する悪意も存在しないことが普通です。したがって、顧客の側に、自分の言動が部落差別であるという認識がなく、差別であると指摘されても納得しないという傾向があります。

また、不動産業者も、顧客の質問に答えるだけでなぜ差別になるのか、特に、近隣に同和地区がないことを伝えることがなぜいけないのかという意識を持ってしまいやすいのです。そのことを表しているのが、以下のような調査結果です。（いずれも奥田均『土地差別』・2006年・解放出版社より引用）

2000年大阪府府民意識調査**「住宅購入における同和地区への忌避的態度」**

①避けると思う　38・1％
②条件が合えばこだわらない　23・2％
③こだわらない　12・7％
④わからない　24・0％
⑤無回答　1・9％

2004年三重県県民意識調査**「同和地区の近隣の物件への忌避的態度」**

①いくら条件がよくても買いたくない　26・1％
②こだわりはあるが他と比べて安ければ買う　28・1％
③まったくこだわらないでその家を買う　33・8％
④無回答　12・0％

2003年(社)全日本不動産協会大阪府本部「宅建業者に対する人権問題実態調査」

「取引物件に関して、同和地区であるかどうか質問することについて、あなたはどうお考えですか」という問いに対し、

「差別につながる」と回答した割合は　48・5%

「差別とは関係ない」と回答した割合は　8・5%

「一概には言えない」と回答した割合は　41・9%

「無回答」　1・1%

「同和地区の物件でない場合は、その事実を伝えても差別にならないと思う」という考えに対して

「そう思う」と回答した割合は　21・2%

「やや思う」と回答した割合は　16・6%

「あまり思わない」と回答した割合は　31・5%

「思わない」と回答した割合は　23・5%

「無回答」　7・2%

土地差別は、当事者のいないところで起こる部落差別ですが、被差別側が所有する不動産価格が、客観的条件に比べ低い評価しか与えられてこなかったという点においては、被差別側に一定の経済的損失を与え続けてきた差別であると言えます。また、校区再編等の場合は、当事者以外が所有する不動産価格に影響することもあるため、一般住民の経済的利害に直結した問題となることもあります。

全国的には、業者による自主規制と顧客や住民への啓発以外に有効な対応手段がないのが現状ですが、大阪府では1993年に**「大阪府宅地建物取引業における人権問題に関する指針」**を作成し、「A　取引物件が同和地区を含む校区のものかどうかの調査や報告に並びに教示をしてはならないこと」「B　差別につながる不当な広告や表示をしないこと」「C　差別事象を把握した場合大阪府に報告すること」と定め、問題解決に努めています。

しかし、差別をしているという認識が得られにくく、現在でも、それが差別であるという認識が共有されている状況にあるとは言えないため、役所に同和地区の所在に関する問い合わせ電話がかかってくるという出来事が断続的に起こっています。

これ以外の部落差別事象がなくなったわけではありませんが、当事者に差別であるとの認識が乏しい部落差別事象は、他にないのではないかと思います。その意味では、それが差別であるとの啓発活動の展開が、最も求められているのが、この土地差別であると言えるでしょう。

十五、「差別落書き事件」と「差別規制法」

2011年9月以降、福岡市早良区内の49箇所、東区内の5箇所で、同一人物が書いているのではないかと思われる「同和ヲコロセ」等の攻撃的落書きが連続して発見されるという事件が発生しました。福岡市は、落書きされたガードレールや電柱の「器物損壊」事件として県警に被害届を出しましたが、犯人は分からぬまま今日に至っています。

このような落書き・貼り紙・郵便物を通した、部落差別に関わる誹謗・中傷・脅迫といった事例は、断続的に各地で起こっています。

落書きに限ってみても、2013年7月に行われた部落解放同盟福岡県連合会の第64回県連大会議案書には、上記の事件の他、「久留米市の個人住宅の壁に『どろぼうの家　同和』という落書きが発見された」「同じく久留米市の個人病院近辺の西鉄高架橋脚・ガードレール・電柱の三箇所で医院名と個人名に続いて『同和』と落書きされていた」「福岡市の個人住宅の壁に二日続けて『同和　死ね』等の落書きが発見された」といった出来事が報告されています。

中には、対象とされた住宅や人物が、被差別部落出身者ではないケースもあるのですが、いずれも未解決であることは共通しています。

仮に、相手が特定できた場合でも、個人や組織等を名指しした事例でなければ「名誉毀損」や「脅迫」は成立せず、現行法では指導や処罰を与える法的根拠が存在しないため、説得や啓発に頼るしかないのが現実です。そのため、苦肉の策として、福岡市は「器物損壊」という名目で被害届を出しているわけです。

こうした各地の部落差別事件の経過によって明らかになるのが、同和対策審議会答申の中でその必要性が指摘されていたにもかかわらず、部落差別行為そのものを規制する法律が未だに作られていないため、悪質な事件が起こっても、どの公的機関にも有効に対処する手段がないという問題点です。

同様の理由により、対象を特定しない部落差別行為による精神的被害から、当事者を公的に救済する方法もありません。

では、1965年の同和対策審議会答申では、このような問題について政府にどのような対応を求めていたのか、改めて関係部分を抜粋してみましょう。

5　人権問題に関する対策

(1)　基本的方針

…地区住民の多くが、「就職に際して」「職業上のつきあい、待遇に関して」「結婚に際して」あるいは、「近所づきあい、または、学校を通じてのつきあいに関して」差別を受けた経験をもっていることが明らかにされた。しかも、このような差別をうけた場合に、司法的もしくは行政的擁護をうけようとしても、その道は十分に保障されていない。…私人については差別的行為があっても、労働基準法や、その他の労働関係法のように特別の規定のある場合を除いては、「差別」それ自直体を接規制することができない。

「差別事象」に対する法的規制が不十分であるため、「差別」の実態およびそれが被差別者に与える影響についての一般の認識も稀薄となり、「差別」それ自体が重大な社会悪であることを看過する結果となっている。

(2)　具体的方策

(a)　差別事件の実態をまず把握し、差別がゆるしがたい社会悪であることを明らかにすること。

(b)　**差別に対する法的規制**、差別から保護するための必要な立法措置を講じ、**司法的に救済する道を拡大**すること。

(c)　人権擁護機関の活動を促進するため、根本的には人権擁護機関の位置、組織、構成、人権擁護委員に関する事項等、国家として研究考慮し、新たに機構の再編成をなすこと。

五十年前の文章とは思えないほど的確に、問題点と取るべき対策がまとめられており、半世紀後の今日もこのまま通用する答申であると私は思いますが、裏を返せば、実態的差別や心理的差別を解消するための施策に比べ、差別の規制や差別からの救済に関する取り組みが後回しにされ、ほとんど行われてこなかったことを示す何よりの証拠でもあります。

そんな状況の中、２０１３年6月に成立したのが**障害者差別解消法**（２０１６年4月施行予定）です。公共機関や民間企業に対し、障害を理由とした差別的取り扱いを禁じ、過重負担にならない限り、施設のバリアフリー化を進めるなどの合理的配慮を求める内容で、国に指導・勧告の権利を認め、虚偽報告した企業への罰則も設けられています。「過重負担にならない限り」という文言が、法の趣旨に反した使われ方をする可能性はありますが、差別の解消を法名に冠した初の法律の成立は、部落差別の法的規制実現に向けた大きな前進と言えるでしょう。

また近年、特に法的規制の実現が求められているのが、「在日特権を許さない市民の会」による**「ヘイトスピーチ」**問題です。同会の活動に対する個別事例では、２０１１年1月水平社博物館前で行われた「エタ」「ヒニン」といった言葉を用いた差別的な街頭宣伝を、奈良地方裁判所が「名誉毀損」と認定し１５０万円の賠償を命じた２０１２年6月の判決や、京都地方裁判所が２０１０年6月、「在特会」が京都朝鮮学園に対して行った三回の街宣行動を「著しく侮辱的、差別的な多数の発言を伴う」もので「人種差別」に当たると認定し約１２００万円の賠償と周辺での街宣行動を禁じた２０１３年

10月の判決がありますが、前述の部落差別事象の場合と同じく、差別宣伝の対象となっている当事者がはっきりと特定できない場合は民事訴訟を起こすこともできず、対応する法律がないのが現状です。

しかし、「ヘイトスピーチ」が放置されている状況にあることは、**人種差別撤廃条約**との関係から、国際世論の非難の対象となっているため、政府も何らかの法的措置を講じなければならなくなってきています。

人種差別撤廃条約は、人種・民族・出身国などによる一切の差別を禁止する条約で、1965年の国連総会で採択され、2013年現在176ヶ国が加盟しています。日本は1995年に加盟しました。締約国は、条約の目的を実現するための立法措置を講じなければならないとされていますが、日本政府は、反差別に関する国内法は不要との立場から、人種差別行動や宣伝行動を行う団体の違法化や、その活動への参加や支援への法的処罰（第4条a・b）を留保しており、国連人種差別撤廃委員会から「個人又は団体が差別に対する法的救済を結果的に求めることができないことを懸念する」との勧告を2010年3月に受けているところです。

どのような差別であれ、確信犯によって行われる誹謗・中傷や差別言動を、総体として取り締まるような法律が、今こそ求められていると言えます。差別を規制するということに対しては、「思想信条の自由」や「表現の自由」との関連から根強い反対があるのですが、同対審答申の中の「『差別事象』に対する法的規制が不十分であるため、『差別』の実態およびそれが被差別者に与える影響についての一般の認識も稀薄となり、『差別』それ自体が重大な社会悪であることを看過する結果となっている。」という指摘の重みを、もう一度振り返って欲しいと思います。

差別解消を目的とする規制法に期待されるのは、罰を与えることではなく、むしろ啓発効果や予防効果・抑止効果です。そのことを考えれば、法文は処罰主体ではなく、啓発・予防を旨としたものになることは明らかで、規制法が「思想信条の自由」や「表現の自由」を侵害するものになる心配はありません。

十六、「C. S. R.（企業の社会的責任）」と「C. S.（顧客満足）」

企業には、あらゆる**ステークホルダー**（利害関係者：消費者、投資家等、及び社会全体）の繁栄や利益を考慮した社会活動を行っていく責任があります。このような社会的立場の自覚を企業に促すのが、ヨーロッパが提起した「**企業の社会的責任**（Corporate Social Responsibility、略称：CSR）」という言葉です。

企業は経済的利益を上げることを目的とする法人ですが、企業の価値や評価は、収益の大きさだけではなく、市民社会の構成員（**企業市民**）として果たした社会的業績も含まれると考えるのです。以前から、日本を含めた各国の企業は、**チャリティ（慈善）・フィランソロピー（篤志）・メセナ（文化貢献）**等のかたちで、社会貢献活動を行っていましたが、これらの収益還元的活動や二次的活動とは異なり、企業活動全体をカバーする提起となっていることが、CSRの特徴です。

主な内容としては、会社の財務や経営の透明性を高め、適切な**コーポレート・ガバナンス（企業統治）**と**コンプライアンス（法令遵守）**を実施し、「リスクマネージメント」「内部統制」に力点を置くアメリカ型の活動と、「**持続可能な社会**」実現のための未来投資として、環境問題や人権・労働問題などに積極的に取り組むヨーロッパ型の活動があげられます。

国連では、このうちの「人権」「労働」「環境」「腐敗防止」に関する諸原則を**「グローバル・コンパクト」**としてまとめ、1999年1月にスイスで開かれた世界経済フォーラムの場で、当時のアナン事務総長が、国連諸機関と企業の提携を追求する新たな枠組みとしてその実施を呼びかけました。その内容は、「人権の保護と尊重」「人権弾圧に加担しない」「集団交渉の権利の承認」「強制労働の撤廃」「児童労働の廃止」「雇用・職業に関する差別の撤廃」「環境に対する取り組みと技術の開発」等、経営の根本に関わるものばかりです。

これに先立つ1995年5月、発展途上国におけるアパレル企業による強制労働・低賃金労働・児童労働等の再発防止のため、アメリカ政府が、発展途上国における労働問題を解決するため「安全で健康な職場環境の提供」「児童労働・強制労働の回避」「差別の回避」「団体交渉権の承認」等の内容を持つモデル・ビジネス原則を策定したほか、業界団体であるＡＩＰ（アパレル業界パートナーシップ）も、これを受けて1997年4月には「ハラスメント・虐待の禁止」を加えた「職場行動規範」を発表していきました。このような企業活動の社会的責任の自覚を促す動きは、世界のアパレル業界へと拡がっていきましたが、「グローバル・コンパクト」は、この実施を全ての企業に呼びかけるものであったと言えます。

このような、企業を始めとするあらゆる組織を対象にした社会的責任に関する国際規格が、2010年11月1日に成立した規格番号ＩＳＯ２６０００です。規格の名称は“Guidance on social responsibility”で「人権」「労働慣行」「環境」「公正な事業慣行」「消費者課題」「コミュニティへの参画およびコミュニティの発展」「組織統治」の七つの柱を持っていますが、他の管理規格のような要求ではなく、あくまでガイド、つまり組織努力の方向付けであるという特徴があります。

このISO26000を、そのまま「国際規格一致規格」として国内規格化したのが、2012年3月に成立したJIS Z 26000で、この規格を取得しておくことは、企業の海外進出の際に、大きなメリットとなると考えられます。

日本企業の場合は、公害問題を契機とする環境への取り組み、地名総鑑購入問題に端を発する部落問題への取り組み、海外進出の際に現地の文化と融和するための異文化理解の取り組み等が、CSRに取り組む基盤となっています。また、『社会に対する利益還元』の中には「従業員のあり方（資質・技能・能力）」も含まれており、「従業員自体の品質向上」に向けて対策を取る企業もあります。

また、目先の利益を追求した企業の不祥事やブラック企業問題等によって、改めて問われるようになっているのが**企業アイデンティティ**（Corporate Identity）、つまり企業の目的や社会的存在意義の問題です。ドラッカーによれば、マネージメント（経営）は、まず目的を明らかにし共有するところから始まるわけですが、企業の目的が収益を上げるというところにしか置かれてなければ、収益を上げるための不正や隠蔽、不法行為が行われやすくなってしまいます。

その意味で、江戸時代の**石田梅岩「石門心学」**による商人道の提唱や、近江商人達が18世紀以降さまざまな家訓として後継者に伝えた**「売り手よし・買い手よし・世間よし＝三方よし」**の精神、「浮利を追う」ことを固く戒めた住友の創業者**住友政友**（1585―1652）の教えなどは、日本型CSRの原点として、現代の企業経営に通じる貴重な歴史遺産と言ってよいでしょう。

一方、**顧客満足**とは、Customer Satisfactionの訳語です。消費者が、どのような満足を求めて商品を購入しようとしているのかを調査し、商品開発に結びつけようと、１９８０年代からアメリカで使われ始めました。

生産者主導の製品開発（少数品種・大量生産）の時代は終わり、顧客の要望を中心とした製品開発（多数品種・適量生産）の時代が訪れているという考えがＣＳの背景にはあります。多様な顧客ニーズに応じた製品の適量生産をどのように行うかという、市場調査と生産管理の時代においては、いかに顧客満足度を高めることができるかという**ＣＳ経営**（Customer Satisfaction Management）が重要となるというわけです。

そのような大量生産から、適量生産の時代への移り変わりの中で、重要視されるようになってきたのが**市場調査（マーケティング）**です。言い換えればそれは、大量生産の時代には見過ごされてきた、少数者のニーズの掘り起こしを通した「新しいニーズ」の発見、顧客の創造にほかなりません。

「お客様のわがまま運びます」は、かつてのヤマト運輸のキャッチコピーですが、「新しいニーズ」への企業の関心の高まりは、大量生産時代の商品やサービスにはなじまなかった少数者の不便や不満・要望に光を当てることになりました。そして、その少数者のニーズに応える企業活動が、多くの社会的少数者の保障されることのなかった要求や欲求、不便を解消するものになっている現実がありま す。

例えば、人工透析を行っている人を対象とした旅行企画（バリアフリー・ツアー）、障害者のための文具や事務機器開発（ユニバーサルデザイン）、高齢者を対象とした化粧講座、外反母趾女性のためのハイヒール製造等、すでに実現・定着した企画は、新たな市場開拓・企業利益・社会的少数者の満足・企業の社会的信用の増大等の効果を同時にもたらしています。これらはいずれも、ＣＳＲの中で求められていた社会貢献が、ＣＳと結びつくことで、企業活動の一部となった事例です。

また、これらの取り組みが企業本来の存在意義・企業アイデンティティ（Corporate Identity）を再確認させるとともに、従業員の士気を大いに高めているという声も聞かれるようになってきています。

ＣＳＲの視点を積極的に取り入れ、埋もれていた社会的少数者の新たなニーズを発見し、企業活動の幅を拡げていく、このような**ＣＳＲ経営**こそが望まれています。21世紀において、人権はビジネスチャンスでもあるのです。

註　リコーのゴミゼロ工場の取り組み（峰如之介『リコーの環境価値マネジメント』2000年・ダイヤモンド社・参照）

１９９５年に日本で最初にＩＳＯ１４００１（環境対応基準）を取得したリコーは、ゴミゼロ工場の実現に乗り出していく。ゴミのリサイクルは、まず徹底した分別から始まっていくが、その中で生産活動の廃棄物である「出口のゴミ」以上に、購入した生産原料から発生する梱包材等の**「入口のゴミ」**に注目するようになる。そして不要な全ての梱包を無くしていくプロセスで、思わぬコストカットや作業効率の上昇を得ることになった。このような環境保全と経済価値を同時に追求するリコーのような環境対応は、**環境価値マネージメント**と呼ばれる。

註　石田梅岩「石門心学」と「商人道」（柴田実『石田梅岩』２０１２年・吉川弘文館、ウィキペディア参照）

石田梅岩（１６８５年10月12日～１７４４年10月29日）は、丹波国（現京都府亀岡市東別院町）の本百姓の次男として生まれた。

呉服屋の丁稚等を経て独学で学問の道を歩み始めた梅岩は、京都で町人たちに「商人には商人の道あること」「商人の得る利益は、武士の俸禄と同じ、正当な利益である。だからこそ、商人は正直であることが大事」といった教えを説き、神道・仏教・儒学の教えを融合した『石門心学』と呼ばれる独自の学派を開いた。

梅岩は、「士農工商は天下の治る相《たすけ》となる」（『都《と》鄙《ひ》問答』）と階級的な身分関係を一つの秩序として受容するのだが、それは上下関係ではなく職分の相異に過ぎないと考えており、「道は一なり。然れども士農工商ともに各《おのおの》行ふ道あり」「商人の売利も天下御免《おゆる》しの禄なり」「売利を得るは商人の道なり」「商人皆農工とならば財宝を通はす者なくして万民の難儀とならん」（同上）と、交換の仲介業である商業の重要性と存在意義を堂々と主張した。

本来、儒学の中で直接の生産に関わらない商行為は否定的な評価しか与えられておらず、江戸中期に生きた荻生徂徠は『政談』の中で「商人は不定なる渡世をする者故…中略…商人の潰ることをば嘗て構間敷《かもうまじき》也」と述べているし、江戸後期の林子平も『上書』の中で「町人と申候は只諸人の禄を吸取候計《ばかり》にて外に益なき者に御座候」と述べている。

これらと読み比べれば、梅岩の主張がいかに画期的なものであったかが明らかであろう。しかも梅岩は、商人の手にする利益を単に肯定するにとどまらず、その利益が「義」にかなうものであるために何が必要かを追求した結果、「商人の蓄える利益は、その人だけのものではない。天下の宝である」との結論にまで到達し、自身の物欲を満たすためだけの利の追求を戒め、「知足知分（足るを知る、分を知る）」という表現で「倹約」の重要性を説くことになるのである。

「二重の利を取り、甘き毒を喰ひ、自ら死するやうなること多かるべし」「実《まこと》の商人は、先も立、我も立つことを思うなり」（同上）と、「ビジネスの持続的発展」の観点から、本業の中で社会的責任を果たしていくことを勧めるこのような梅岩の思想は、日本版CSRの源流と言えるだろう。

主著となる『都鄙問答』を梅岩が著したのは、1739年、元禄バブルが崩壊し、有力商人が不祥事のために相次いで追放や財産没収の処分を受け、商業活動を蔑む風潮が強まる中であった。そんな時代の中で、梅岩は、儒学の徳目を利用して、商業の本質である「仁（他人を思いやる心）」「義（人としての正しい心）」「礼（相手を敬う心）」「智（知恵を商品に生かす心）」を大切にしようと説き、「商人はかくあるべき」ではなく「商人は商人らしく」という言葉で、日本固有の商業倫理の確立を図ったのである。

註　近江商人の「三方よし」（『近江商人ものしり帖』2011年・NPO法人三方よし研究所、ウィキペディア参照）

近江商人は、主に鎌倉時代から戦前にかけて活動した、近江（滋賀県）出身で本店は近江国内に構えながら、近江国外に進出して活動した商人である。出身地によって、高島商人（高島屋のルーツ）・八幡商人（西川産業のルーツ）・日野商人・湖東（五箇庄）商人（伊藤忠商事のルーツ）等に分けられ、大坂商人・伊勢商人とともに、日本三大商人と呼ばれる。

その商才を妬んだ江戸っ子からは、「近江泥棒、伊勢乞食」と酷評されたが、実際は規律道徳を重んじ、神仏への信仰も篤かった。私財を神社仏閣（江戸時代の神社仏閣の多くは、共同体の要であった）に寄進したり、地域の公共事業に投資したりした事例が数多く存在する。１８１２年に始まる瀬田唐橋の架け替え修理事業に三千両を投じた中井正治右衛門（日野商人）や、勝海舟が『氷川清話』の中で紹介している、水害を防ぐための治水・治山事業に多額の富を注ぎ込み「治水・治山の父」と呼ばれた塚本清次（五箇庄商人）の事績は、中でもよく知られている。明治20（１８８７）年に作られた「経　塚本家心得」には**「我家の財産は天に委託すべし」**「毎年二、三千円は巳上の金は喜捨之心を以て出すへし　但救恤・教育・勧業・道路・待遇恵贈」との文が見られる。

また、当時世界最高水準の複式簿記の考案（中井源左衛門・日野商人）や、契約ホテルのはしりとも言える**「大当番仲間」制度**の創設（日野商人）、現在のチェーン店の考えに近い出店・枝店の積極的な開設などの手法は、徹底した合理化による流通革命と評価されているほか、地元（在所）で雇った青少年に基礎教育を施した後、各地の店舗に送り出す人事管理手法としての**「在所登り制度」**、商売を通じて得た利益金を、本家上納・内部留保・店員配当に配分する**「三ツ割制度」**、人柄も評価基準の一つとした人事考課制度等、独創に富んだ経営を行った。

そんな近江商人の根本にあるのが、「売り手の都合だけで商いをするのではなく、買い手が心の底から満足し、さらに商いを通じて世間（地域社会）の発展や福利の増進に貢献しなければならない」という**「三方よし＝売り手よし、買い手よし、世間よし」**の精神である。「三方よし」の理念が確認できる最古の史料は、１７５４年に中村治兵衛（五箇庄商人）が書き残した家訓だが、「三方よし」という言葉そのものは戦後の研究者による造語である。

この他、長期的視点に立った「倹約」を説く**「始末してきばる」**、「天下の需要と供給を調整するのが商人の天職、商人に課せられた社会的責任である」との考えに基づき、営利至上主義に陥ることを諌め、「天下の需要」に応えるために勤めた結果、利益が添えられるとする**「利真於勤（利ハ勤ルニ於イテ真ナリ）」**、「人知れずよい行いを積み、自己顕示や見返りを期待せず、人のために尽くしなさい」という**「陰徳善事」**、「顧客の望むときに売り惜しみせずに販売し、売った後で、これほどの人気商品をこんなに安い値段で売ったのは惜しかったと後悔するような取引をせよ」と言う**「売って悔やむ」**等の言葉も今日に伝えられている。

註　住友商事HPより

「住友商事グループの経営理念・行動指針」の原点は、創業以来約400年にわたり脈々と受け継がれてきた「住友の事業精神」にある。

「住友の事業精神」とは、住友家初代の住友政友（1585―1652）が商売上の心得を簡潔に説いた「文殊《もんじゅ》院旨意書《いんしいがき》」を基に、住友の先人たちが何代にもわたって磨き続けてきたもので、その要諦は「営業の要旨」として引き継がれています。

営業の要旨

第一条　我住友の営業は信用を重んじ確実を旨《むね》とし以て其の鞏固《ろうこ》隆盛を期すべし。

第二条　我住友の営業は時勢の変遷理財の得失を計り弛張興廃することあるべしと雖《いえど》も苟《いやしく》も**浮利に趨《はし》り軽進すべからず。**

営業の要旨　口語訳

第一条わが営業は、信用を重んじ確実を根本理念とし、これにより住友家が盤石に、ますます栄えるようにしたい。

第二条わが営業は、時代の移り変わり、財貨運用の損得を考えて、拡張したり縮小したり、起業したり廃業し

たりするのであるが、いやしくも目先の利益に走り、軽々しく進んではいけない。（以下略）

十七、「同和教育」（部落解放研究所編『証言・戦後「同和」教育三十年』１９８３年、部落解放研究所編『改訂戦後同和教育の歴史』１９８８年・解放出版社・参照）

①「就学保障」「就労保障」と三つの制度

被差別部落の実態的差別解消のための大きなポイントは、構造的貧困により早期就労を強いられ、義務教育さえ十分に保障されていない被差別の子どもたちの**「就学保障」**にありました。

１９４８年から**「長欠・不就学対策」**のため高知県が配置した**「福祉教員」**は、そのレポートである「今日もあの子は机にいない」とともに、同和教育の初期の取り組みとしてよく知られていますが、１９６１年、その高知の長浜地区から始まったのが教科書無償闘争でした。この運動の成果として**教科書無償制度**（法１９６２年・実施１９６４年）が確立し、多くの子どもたちの教育を受ける権利を守り続けています。詳しい経緯は『教科書無償・高知長浜のたたかい』（「教科書無償編集委員会」編・１９９６年・解放出版社）をご覧下さい。

また、１９６９年に始まる同和対策事業の一つとして設けられた**解放奨学金制度**は、被差別の子どもたちの高校・大学進学の支えとなってきました。２００２年の事業法失効により、解放奨学金制度そのものは無くなりましたが、福岡県奨学金制度（２００２年）等の大幅拡充された、対象を特定しない一般奨学金制度に受け継がれており、現在では、経済的問題を抱える全ての子どもたちの教育保障制度となっています。

さらに、被差別の子どもたちが、その能力と適性以外の事柄で就職を左右されないよう**「就労保障」**のために作られたのが、前述の「全国高等学校統一応募用紙」（1973年）を始めとする仕組みや制度で、これもまた全ての人たちの「公正採用・公正選考」を担保する制度となっています。

②「学力保障」

「就学保障」に続いて教育課題とされるようになったのが、登校するようになった被差別の子どもたちの「低学力」と、居場所や繋がりを求めるが故の「荒れ」という現象でした。

その典型と言えるのが、大阪府八尾市立八尾中学校で1960～1961年にかけて起こった一連の出来事でした**（八尾中学校問題）**。そこで明らかになったのは、被差別の子どもたちの「非行」や「校内不就学（教室で授業を受けない）」の背景にある部落問題に対する教師の無理解**（「被差別の現実に学べ」というスローガンの再確認）**、低学力の生徒を実質的に無視して進められる授業**（学力保障の重要性）**、一般地域の生徒や保護者との間に横たわる大きな溝**（集団づくりと部落問題学習）**といった、その後の同和教育の主要テーマとなるものばかりでした。

この取り組みの中で生まれたのが**「土方教育論」**（1963年）と呼ばれる議論で、同和教育の目的は、単に被差別の子どもたちが高い学力を身につけて安定した高収入を得る（土方にならない）ためだけの教育であってはならず、全ての職業が同様に尊重されるような社会を実現する（土方であることを誇れる）ための教育でなければならないのではないかと訴えました。

1963年に部落差別意識に基づく冤罪事件である**「狭山事件」**が起こり、裁判闘争が始まると、被告とされた石川一雄さんが、十分な教育を受けていなかったため、逮捕された時点で「一雄」を「一夫」としか書けなかったことや、裁判の仕組みも知らず、弁護士に真実を打ち明けられなかったことなど、その「低学力」が**「狭山の教育課題」**として提起されました。

しかし、ここでも裁判に関わった検察関係者や裁判官の「高学力」の質を考えれば、求められているのはエリートになるための**「受験の学力」**ではなく、自分自身や社会を変革し、部落差別を無くしていこうとする**「解放の学力」**であるはずだとの提起がなされ、同和教育の中で学力論争が盛んに行われるようになっていきます。

このような論議を経た結果、１９７１年、全国同和教育研究協議会は、学力問題を「九教科」の枠ではなく**「四領域（芸術認識・言語認識・自然認識・社会認識）」**によってとらえていくという画期的転換を行います。これは、公教育が保障すべき「学力」を、教科主義・点数主義を離れたより総合的視点で考え、感性（芸術認識）・認識、思考能力とコミュニケーション能力（言語認識）・自然との関わり方（自然認識）・社会との関わり方（社会認識）に分けて追求していこうとするものでした。

③ 「反差別の集団づくり」

前述の八尾中学校問題から生まれたのが、**「非行は宝」「問題児は問題提起児」**というスローガンでした。いずれも、子どもたちの行いの誤りを糾すだけではなく、その行いの背後にある思いや教師自身の課題をしっかりと受け止めていくことの重要性を表したものです。

また、１９６７年から取り組まれたのが**「越境入学反対闘争」**でした。被差別部落を校区に持つ学校に入学することを避け、多くの保護者が校区外の学校に子どもを通わせているという実態が明らかになり、「越境は部落差別である」として問題とされたのです。１９６８年大阪天王寺中学校の越境者数を見ると、一年生２２３名（在籍５６９名）・二年生２３８名（在籍５８８名）・三年生２２７名（在籍６３７名）となっており、問題の深刻さがうかがえます。

これらの提起を受けて取り組まれるようになったのが、**「反差別の集団づくり」**です。それまでの「集団づくり」は、無意識の内に「管理」という視点から行われがちであったため、みんなと仲良くできない生徒や、みんなと同じ行動ができない生徒だけが問題とされていたのに対し、その生徒の背後にある生活や思いをクラスで共有したり、その生徒を外したところで成立している「仲良し」の質を問うたりすることで、教師や学級集団から最も遠いところにいる生徒を中心とした集団づくりを試みようとしたのです。そして、できあがった関係を大切にしながら、みんなで同じ中学校・高校へと進学しようという呼びかけも行われるようになりました。

④「進路保障」

同和教育の総和と言われるのが**「進路保障」**です。

どうしても教師は、目の前にいる生徒のことで、手一杯であるという現実があり、卒業していった生徒がどうなったかまで考えようとはしません。特に中学や高校の教師は、就職先や進学先を保障するまでが自分の役割と思いがちです。そのせいか、就職状況や進学状況の問題を語るときに、進路保障という言葉を使うときもあります。

しかし、**「進路保障」**という視点の意義は、生徒が新しいステージに上がったときの姿によって、それまでの教育の有効性が、初めて検証できるという発想にあります。偏差値だけに頼った進学指導、いかに大企業に就職させるかといった就職指導、その時だけの仲間づくりや反差別、そういった独善から離れ、客観的に自己の教育活動の質を見直す契機となるところに、卒業後の生徒の軌跡を追うことの重要性があるのです。

⑤「部落問題学習」

1952年6月、広島県吉和村の吉和中学校で一つの事件が起こりました。採用二年目で四月に赴任してきたばかりの教師が、二年生の「武士のおこり」を説明する歴史の授業で、不十分で不正確な知識に基づいた部落問題の説明を行ったため、当該クラスの被差別の生徒に多くの苦痛を与えてしまい大きな問題となったのです。

その教師は、主観的には、正義感に基づき部落問題の解決を図ろうとしていたのですが、授業する段階にはない知識レベルであったこと、当該生徒や当該地域の思いを知ることもなく、また繋がりもないまま一方的に授業を行ったこと、クラスや校区レベルでの部落問題の現実にも無知であったこと等々のため、むしろ差別を助長するような結果になってしまったわけです。

しかし、この**吉和中学事件**は、部落問題学習を進める上で、教師自身の知識、当該生徒や当該地域との繋がり、クラスや校区レベルでの部落問題の現実の把握といったものが欠かせないものであることを教える出来事となりました。

その後、同和対策事業の開始とともに、同和教育も広い地域で取り組まれるようになり、部落差別の不当性を伝えるための部落問題学習が各学年で行われるようになると、そこで耳にした歴史的賤称語を遊びの中や、相手をからかう目的で使用するといった事象が、数多く起こりましたが、そこに足りなかったのが何かを、この出来事は今も雄弁に語っています。

⑥「同和教育」と「解放教育」

子どもたちを徒に戦争に動員していった、戦前の国家主義的教育への反省から、戦後教育は**「民主主義教育」**をスローガンに掲げてスタートしました。「同和教育」は、この「民主主義教育」を、教育から置き去りにされていた被差別の子どもたちにも保障しようとしたものだと言えます。

しかし、「天皇の下での平等」を説いた戦前の「融和教育」を受け継ぐ、行政用語としての「同和教育」という言葉は、部落差別のない社会を創造するための変革とは相容れない響きを持っています。そこで、主に教育運動の場で使われたのが**「解放教育」**という用語でした。

2000年の人権教育啓発推進法以降、他の人権課題の解決も合わせた「人権教育」という言葉に包含されるようになり、「同和教育」や「解放教育」という言葉が使われることは少なくなりましたが、名称はともかく、その実践の中に、過去の取り組みの中で積み重ねられてきた成果が反映されるべきなのは言うまでもありません。

十八、「同和保育」

① 集団主義保育

不安定就労や社会的孤立等によってもたらされる被差別部落家庭の「保育に欠ける」現状を改善するため、被差別部落の子どもたちの「皆保育」の拠点として「同和保育所」が建設され、共通する生活課題の克服と、協同意識の涵養が図られ、「集団主義」に基づく同和保育が展開されました。

そこには、被差別部落の内部や近郊に建設された同和保育所を、地域の子育て習慣を変革し近代化していくセンターとして位置づけるねらいもありました。

② 24時間保育

同和保育の課題の一つは、子育てに対する地域や家庭の意識をいかに変えていくかでした。「保育所は単に子どもを預かってくれるだけの場所である」「食事さえ与えておけば子どもは勝手に育っていく」といった考え方が支配的なため、保育所での取り組みが、家庭で途切れたり覆されたりしてしまい、効果を上げることができないという現実を、保護者や地域の責任として終わらせるのではなく、保護者や地域を巻き込んだ取り組みを展開することで乗り越えていこうとするのが「24時間保育」という考え方でした。

「24時間保育」の考えに基づき、保育所を拠点とした保護者の学習活動を組織したり、地域の学習活動に保育士が参加したりといった、仕事を超えたさまざまな保育運動が展開されていきました。

③　健康保障

子どもたちの「健康保障」も同和保育の大きなテーマとなりました。「健康」に関しては、「食生活の改善」や「基本的生活習慣の確立」が課題とされ、塩分濃度や栄養バランスに配慮した食事、規則正しく三食を摂ること、スナック菓子やジュース炭酸飲料等の制限、大人の生活時間帯と子どもの生活時間帯の区別等の大切さが、繰り返し訴えられました。

古い時代の子育て習慣の継続や、不安定就労・共稼ぎ等の生活実態に起因していた被差別部落の子どもたちを巡るこのような状況は、現代の子どもたちの抱える課題を、ある意味では、先取りするものであったと言えます。

④　「からだ育て」と野口・つるまき体操（大阪同和保育連絡協議会「からだそだて入門」１９８４年・参照）

「からだ育て」による「しなやかな」からだ創りも追求されました。

競争主義を前提とするようなスポーツではなく、いかに他人とつながる身体を創るかという問題意識に基づいて、現在行われている「トロプス」（「ＳＰＯＲＴ」を逆に読んだ名称）という取り組みがありますが、同和保育の「からだ育て」は、その先駆とも言える実践でした。

同和保育の「からだ育て」の中核に据えられたのが、「野口体操」（野口三千三）「つるまき体操」（つるまきさちこ）が提唱する、筋力アップや体力アップを目的としない、自然や自分自身と会話できる身体を創るための体育理論であり、キーワードとなったのが「強靭」に代わる「しなやか」という言葉でした。

「次々に現れるからだの状態の『初体験』を楽しむ営みを体操という」「からだの動きにおいて、力を抜けば抜くほど力が出る」（天野忠雄）、「『高度な情報的能力を持つからだ』がよりのぞましい『いからだ』である」「〈情報の受け入れ、伝達、反応〉には、筋肉の緊張が少なくて力を抜いて解放された液体的な状態の感覚が、生きている人間の『基礎感覚』として実に重要である」「解放されたからだは、イメージによって集中統一されて動く。イメージはからだの動きの『いのち』である」「動きの原動力は、『重力＋筋力』が基本である。筋力を主動力としては使わないことによって重要なキッカケや、微調整のために専心できる」「『はじめにリズムありき』すべての動きはリズム運動であるといえる」「自分で自分の体を動かす体操は、自分でやるマッサージであり、他からしてもらうマッサージは、人からさせてもらう体操である」（つるまきさちこ）

このような理論に基づき「石・わた・木になる」「鉛筆になって丸を描く」「へそから歩く・膝から歩く・胸から歩く・ひたいから歩く」といった多くの体操が、現場で実践されていきました。

⑤　ことば育てと「くぐらせ期」

小中学校の教師が中心となった同和教育運動の中では、子どもたちに保障すべき真の学力とは何かが論議されました。そこから生まれたのが、学力の基礎であり構成要素でもある、教科の枠を超えた、「自然認識」「社会認識」「言語認識」「芸術認識」の四領域という考え方（１９７１年）でした。そして、同和保育の取り組みもまた、この四領域を意識しながら、実践されるようになります。

中でも焦点となったのは、保（幼）小連携の下、被差別部落の子どもたちの読み書きをどのように保障していくのかという課題でした。片方には、「小学校入学時点で、平仮名の読み書きができるようにして欲しい」という、保護者からの「早期教育」の要請がありました。しかし、同和教育に取り組む小学校教師からは、「早く平仮名を習得した子どもたちが、未習得の子どもたちを一段下に見るような態度を取る傾向がある」「平仮名は書けても、『あ』で始まる言葉に何があるといった質問には答えられず、生活と切り離された『芸』になってしまっている」といった指摘もありました。

そこで取り組まれたのが、機械的に文字を教えるのではなく、豊かな読み書き能力を身に付けるための土台作りでした。「家族や他の子どもとのコミュニケーションを充実させていく」、「既知のものを見直したり、新たなものと出会ったりさせながら生活体験を豊かにしていく」、「絵本の読み聞かせや言葉遊び・遊び歌を通して文字の存在を身近なものとしていく」、「落書きやお絵かきによって、いつでも文字を描けるような柔らかな手首の動きを養っていく」といった、これらの実践は、平仮名習得のための「くぐらせ期」と呼ばれ、小学校一年生用の自主教材も編成されるようになりました。

⑥　保幼一元化

同和保育が盛んに取り組まれていた頃、就学前教育の統一が政府内で論議され始めました。就学前教育を幼稚園に統一する（文部省管轄にする）＝「幼保一元化」することで、学校に準ずるようなカリキュラムに従い、一定の知識を、就学前の子どもたちにも教えて行くべきではないかというのです。

近代社会を支える「効率化」の原理を、就学前教育にも適用しようとするこのような考え方は、就学前教育の現場を知らない人々には受け入れやすいものであるため、今日なお一定の支持を保ち続けています。

これに対し、現場の実践者からは、「一人ひとりの発達段階をしっかりと認識した上でのより細やかな実践こそが、就学前教育では望まれている」との反論がなされていきました。これが同和保育による「保幼一元化」の主張です。

⑦ アンチ・バイアス（斜めから見ない）

差別をしない・させないための感性を、どのように養うかも、同和保育の中で問われた問題でした。実践面でも試行錯誤が繰り返されたテーマであったのですが、１９９０年代になると、アメリカの多文化主義に基づく就学前教育の方法が、注目を集めるようになりました。それが「アンチ・バイアス」の保育と呼ばれたものです。この場合の「バイアス」とは偏見を意味しますので、「子どもたちが社会の偏見に染まらないような保育」と考えてください。

私たちの世界を構成するさまざまな存在や事柄は、社会的習慣により、「普通―特殊」「多数―少数」「善―悪」「正―邪」といった評価軸によって、二分割されていることが少なくありません。物事を一面的にしか見ないこのような評価態度は、差別意識の固定につながるだけでなく、自他の可能性を限定してしまい、人生や世界をつまらないものにしてしまいます。したがって、ステレオタイプで物事を見ることなく、物事を多面的にとらえる態度を養うための取り組みを心がけようというのが「アンチ・バイアス」の本質です。この時大切なのは、保育士自身の日常的言動の中の「バイアス」に気づくことです。

例えば「正しい」や「汚い」といった言葉を使う場面を想像してみて下さい。「正しい姿勢」と言ってしまうと、障害のために背筋を伸ばしたり深く腰掛けたりできない人は「正しくない」ことになってしまいます。また、どろんこ遊びをした後に「汚い」と使ってしまうと、土や泥に触れる仕事は「汚い」仕事になってしまいかねません。

あるいは、絵本の読み聞かせで、安易な擬人化が行われているものを選んでしまうと、キツネやオオカミ、ヘビといった悪役動物たちは、子どもたちから不当な評価を受けてしまうことになります。そうならないよう、多民族国家であるアメリカでは、主人公の民族や肌の色等のバリエーションに配慮した作品選びも行われているようです。

行事一つをとってみても、世界のいろいろな新年の祝い方、地域によるひな祭りの違いとか、少し工夫すれば、子どもたちの視野を広げる一つのきっかけにすることは可能ではないでしょうか。世界のいろいろな挨拶の言葉を、子どもたちに紹介していた同和保育所もありました。さまざまな違いを楽しむことのできる子どもを育てることが大事です。

部落問題はじめの一歩・資料

人権教育及び人権啓発の推進に関する法律

(平成十二年十二月六日法律第百四十七号)

(目的)

第一条　この法律は、人権の尊重の緊要性に関する認識の高まり、社会的身分、門地、人種、信条又は性別による不当な差別の発生等の人権侵害の現状その他人権の擁護に関する内外の情勢にかんがみ、人権教育及び人権啓発に関する施策の推進について、国、地方公共団体及び国民の責務を明らかにするとともに、必要な措置を定め、もって人権の擁護に資することを目的とする。

(定義)

第二条　この法律において、人権教育とは、人権尊重の精神の涵養を目的とする教育活動をいい、人権啓発とは、国民の間に人権尊重の理念を普及させ、及びそれに対する国民の理解を深めることを目的とする広報その他の啓発活動(人権教育を除く。)をいう。

(基本理念)

第三条　国及び地方公共団体が行う人権教育及び人権啓発は、学校、地域、家庭、職域その他の様々な場を通じて、国民が、その発達段階に応じ、人権尊重の理念に対する理解を深め、これを体得することができるよう、多様な機会の提供、効果的な手法の採用、国民の自主性の尊重及び実施機関の中立性の確保を旨として行われなければならない。

(国の責務)

第四条　国は、前条に定める人権教育及び人権啓発の基本理念(以下「基本理念」という。)にのっとり、人権教育及び人権啓発に関する施策を策定し、及び実施する責務を有する。

(地方公共団体の責務)

第五条　地方公共団体は、基本理念にのっとり、国との連携を図りつつ、その地域の実情を踏まえ、人権教育及び人権啓発に関する施策を策定し、及び実施する責務を有する。

(国民の責務)

第六条　国民は、人権尊重の精神の涵養に努めるとともに、人権が尊重される社会の実現に寄与するよう努めなければならない。

(基本計画の策定)

第七条　国は、人権教育及び人権啓発に関する施策の総合的かつ計画的な推進を図るため、人権教育及び人権啓発に関する基本的な計画を策定しなければならない。

(年次報告)

第八条　政府は、毎年、国会に、政府が講じた人権教育及び人権啓発に関する施策についての報告を提出しなければならない。

(財政上の措置)

第九条　国は、人権教育及び人権啓発に関する施策を実施する地方公共団体に対し、当該施策に係る事業の委託その他の方法により、財政上の措置を講ずることができる。

附　則

(施行期日)

第一条　この法律は、公布の日から施行する。ただし、第八条の規定は、この法律の施行の日の属する年度の翌年度以後に講じる人権教育及び人権啓発に関する施策について適用する。

（見直し）

第二条　この法律は、この法律の施行の日から三年以内に、人権擁護施策推進法（平成八年法律第百二十号）第三条第二項に基づく人権が侵害された場合における被害者の救済に関する施策の充実に関する基本的事項についての人権擁護推進審議会の調査審議の結果をも踏まえ、見直しを行うものとする。

大阪府部落差別事象に係る調査等の規制等に関する条例

※　太字は平成23年3月22日公布の改正部分をあらわす。

昭和六十年三月二十七日
大阪府条例第二号
最新改正　平成二十三年三月二十二日
大阪府条例第二十二号

目次

第一章　総則

（目的）

第一条　この条例は、同和地区に居住していること又は居住していたことを理由になされる結婚差別、就職差別等の差別事象（以下「部落差別事象」という。）を引き起こすおそれのある個人及び土地に関する事項の調査、報告等の行為の規制等に関し必要な事項を定めることにより、部落差別事象の発生を防止し、もって府民の基本的人権の擁護に資することを目的とする。

（定義）

第二条　この条例において、次の各号に掲げる用語の意義は、当該各号に定めるところによる。

一　同和地区　歴史的社会的理由により生活環境等の安定向上が阻害されている地域をいう。

二　興信所・探偵社業　府の区域内において、他人の依頼を受けて、個人調査、法人調査その他いかなる名目の調査であるかを問わず、特定の個人についてその信用、資産、経歴、素行その他の個人に関する事項を調査し、かつ、報告する営業をいう。

三　興信所・探偵社業者　興信所・探偵社業を営む者をいう。

四　土地調査等　府の区域内の土地の取引に関連して事業者が自己の営業のために土地に関する事項を調査し、又は報告することをいう。

（府、興信所・探偵社業者及び土地調査等を行う者並びに府民の責務）

第三条　府は、国及び市町村と協力して、第一条の目的を達成するため必要な啓発に努めるものとする。

2　興信所・探偵社業者及び土地調査等を行う者は、その営業について、社会的責任を自覚し、第一条の目的に反する行為をしないよう努めなければならない。

3　府民は、第一条の目的に反する調査又は調査の依頼をしないよう努めなければならない。

（適用上の注意）

第四条　この条例の適用に当たっては、興信所・探偵社業者及び土地調査等を行う者並びに府民の自由と権利を不当に侵害するようなことがあってはならない。

第二章　興信所・探偵社業者

（自主規制）

第五条　興信所・探偵社業者の組織する団体は、その構成員である興信所・探偵社業者に次に掲げる事項を遵守させるため必要な規約を設定するよう努めなければならない。

一　特定の個人又はその親族の現在又は過去の居住地が、同和地区にあるかないかについて調査し、又は報告しないこと。

二　同和地区の所在地の一覧表等の提供及び特定の場所又は地域が同和地区にあることの教示をしないこと。

2　興信所・探偵社業者の組織する団体は、その構成員である興信所・探偵社業者に前項の規約を遵守させるため必要な指導を行うよう努めなければならない。

3　興信所・探偵社業者の組織する団体は、第一項の規約を設定したときは、速やかに、当該規約の内容その他の規則で定める事項を知事に届け出なければならない。その届出に係る事項を変更し、又はその届出に係る規約を廃止したときも、同様とする。

（届出）

第六条　興信所・探偵社業者を営もうとする者は、あらかじめ、次に掲げる事項を知事に届け出なければならない。

一　氏名又は名称及び住所並びに法人にあっては、その代表者の氏名

二　営業所の名称及び所在地

2　前項の規定による届出をした興信所・探偵社業者は、同項各号に掲げる事項に変更を生じたとき、又はその営業を廃止したときは、その日から十日以内に、その旨を知事に届け出なければならない。

（遵守事項）

第七条　興信所・探偵社業者は、その営業に関し、第五条第一項各号に掲げる事項を遵守しなければならない。

2　興信所・探偵社業者は、その営業に関し従業者に第五条第一項各号に掲げる事項を遵守させるため必要な指導及び監督を行わなければならない。

（帳簿等の備付け）

第八条　興信所・探偵社業者は、規則で定めるところにより、その営業所ごとに、その営業に関する帳簿及び従業者名簿を備え、規則で定める事項を記載しなければならない。

（指示、営業停止及び聴聞の特例）

第九条　知事は、興信所・探偵社業者が第七条第一項の規定に違反したときは、当該興信所・探偵社業者に対し必要な指示をすることができる。

2　知事は、興信所・探偵社業者が前項の指示に従わないときは、当該興信所・探偵社業者に対し、一月を超えない範囲内で期間を定めて、その営業の全部又は一部の停止を命ずることができる。

3　知事は、前項の規定による処分をしようとするときは、大阪府行政手続条例（平成七年大阪府条例第二号）第十三条第一項の規定による意見陳述のための手続の区分にかかわらず、聴聞を行わなければならない。

（指導及び助言）

第十条　知事は、興信所・探偵社業者の組織する団体に対し第五条第一項の規約の設定について、興信所・探偵社業者に対し第七条第二項の指導及び監督について必要な指導及び助言をすることができる。

（報告の徴収等）

第十一条　知事は、第七条の規定の実施に必要な限度において、興信所・探偵社業者に対しその営業に関し報告若しくは資料の提出を求め、又はその職員に、興信所・探偵社業者の営業所に立ち入り、帳簿及び書類（これらの作成又は備付けに代えて電磁的記録（電子方式、磁気的方式その他人の知覚によっては認識することができない方式で作られる記録であって、電子計算機による情報処理の用に供されるものをいう。）の作成又は備付けがされている場合における当該電磁的記録を含む。）の検査をさせ、若しくは関係者に質問させることができる。

2　前項の規定により立入検査をする職員は、その身分を示す証明書を携帯し、関係者に提示しなければならない。

第三章　土地調査等

（遵守事項）

第十二条　土地調査等を行う者は、次に掲げる事項を遵守しなければならない。

一　調査又は報告の対象となる土地及びその周辺の地域に同和地区があるかないかについて調査し、又は報告しないこと。

二　同和地区の所在地の一覧表等の提供及び特定の場所又は地域が同和地区にあることの教示をしないこと。

2　土地調査等を行う者は、その営業に関し従業者に前項各号に掲げる事項を遵守させるため必要な指導及び監督を行わなければならない。

（指導及び助言）

第十三条　知事は、土地調査等を行う者に対し、前条第二項の指導及び監督について必要な指導及び助言をすることができる。

（報告の徴収）

第十四条　知事は、第十二条の規定の実施に必要な限度において、土地調査等を行う者に対し、必要な事項の報告又は資料の提出を求めることができる。

（勧告）

第十五条　知事は、土地調査等を行う者が第十二条第一項の規定に違反したときは、当該者に対し、当該違反に係る行為を中止し、その他必要な措置を講ずべきことを勧告することができる。

（事実の公表）

第十六条　知事は、土地調査等を行う者が第十四条の規定による要求に正当な理由なく応じなかったとき、又は前条の規定による勧告に従わなかったときは、その事実を公表することができる。

2　知事は、前項の規定による公表をしようとするときは、当該公表に係る者に、あらかじめ、その旨を通知し、その者又はその代理人の出席を求め、釈明及び資料の提出の機会を与えるため、意見の聴取を行わなければならない。

第四章　雑則

（規則への委任）

第十七条　この条例の施行に関し必要な事項は、規則で定める。

（罰則）

第十八条　第九条第二項の規定による命令に違反した者は、三月以下の懲役又は十万円以下の罰金に処する。

第十九条　第十一条第一項の報告若しくは資料の提出をせず、若しくは同項の報告若しくは資料の提出について虚偽の報告若しくは資料の提出をし、又は同項の規定による検査若しくは質問を正当な理由なく拒み、妨げ、若しくは忌避した者は、三万円以下の罰金に処する。

第二十条　次の各号の一に該当する者は、科料に処する。

一　第六条第一項の規定に違反してあらかじめ届出をせず、又は同条第二項の規定に違反して変更若しくは廃止の日から十日以内に届出をしなかった者

二　第八条の規定に違反した者

（両罰規定）

第二十一条　法人の代表者又は法人若しくは人の代理人、使用人その他の従業者が、その法人又は人の業務に関して前三条の違反行為をしたときは、行為者を罰するほか、その法人又は人に対しても、各本条の罰金刑又は科料刑を科する。

附　則

（施行期日）

1　この条例は、昭和六十年十月一日から施行する。

（経過措置）

2　この条例の施行の際現に興信所・探偵社業を営んでいる者に関する第六条第一項の規定の適用については、同項中「あらかじめ」とあるのは、「昭和六十年十一月三十日までに」とする。

附　則（平成四年条例第三号）

この条例は、平成四年四月一日から施行する。

附　則（平成七年条例第三号）

この条例は、平成七年十月一日から施行する。

附　則（平成十七年条例第四号）

この条例は、平成十七年四月一日から施行する。

附　則（平成二十三年条例第二十二号）

この条例は、平成二十三年十月一日から施行する。

探偵業の業務の適正化に関する法律

（平成十八年六月八日法律第六十号）

最終改正：平成二三年六月三日法律第六一号

（目的）

第一条　この法律は、探偵業について必要な規制を定めることにより、その業務の運営の適正を図り、もって個人の権利利益の保護に資することを目的とする。

（定義）

第二条　この法律において「探偵業務」とは、他人の依頼を受けて、特定人の所在又は行動についての情報であって当該依頼に

係るものを収集することを目的として面接による聞込み、尾行、張込みその他これらに類する方法により実地の調査を行い、その調査の結果を当該依頼者に報告する業務をいう。

2　この法律において「探偵業」とは、探偵業務を行う営業をいう。ただし、専ら、放送機関、新聞社、通信社その他の報道機関（報道（不特定かつ多数の者に対して客観的事実を事実として知らせることをいい、これに基づいて意見又は見解を述べることを含む。以下同じ。）を業として行う個人を含む。）の依頼を受けて、その報道の用に供する目的で行われるものを除く。

3　この法律において「探偵業者」とは、第四条第一項の規定による届出をして探偵業を営む者をいう。

（欠格事由）

第三条　次の各号のいずれかに該当する者は、探偵業を営んではならない。

一　成年被後見人若しくは被保佐人又は破産者で復権を得ないもの

二　禁錮以上の刑に処せられ、又はこの法律の規定に違反して罰金の刑に処せられ、その執行を終わり、又は執行を受けることがなくなった日から起算して五年を経過しない者

三　最近五年間に第十五条の規定による処分に違反した者

四　暴力団員による不当な行為の防止等に関する法律（平成三年法律第七十七号）第二条第六号に規定する暴力団員（以下「暴力団員」という。）又は暴力団員でなくなった日から五年を経過しない者

五　営業に関し成年者と同一の能力を有しない未成年者でその法定代理人が前各号又は次号のいずれかに該当するもの

六　法人でその役員のうちに第一号から第四号までのいずれかに該当する者があるもの

（探偵業の届出）

第四条　探偵業を営もうとする者は、内閣府令で定めるところにより、営業所ごとに、当該営業所の所在地を管轄する都道府県公安委員会（以下「公安委員会」という。）に、次に掲げる事項を記載した届出書を提出しなければならない。この場合において、当該届出書には、内閣府令で定める書類を添付しなければならない。

一　商号、名称又は氏名及び住所

二　営業所の名称及び所在地並びに当該営業所が主たる営業所である場合にあっては、その旨

三　第一号に掲げる商号、名称若しくは氏名又は前号に掲げる名称のほか、当該営業所において広告又は宣伝をする場合に使用する名称があるときは、当該名称

四　法人にあっては、その役員の氏名及び住所

2　前項の規定による届出をした者は、当該探偵業を廃止したとき、又は同項各号に掲げる事項に変更があったときは、内閣府令で定めるところにより、公安委員会に、その旨を記載した届出書を提出しなければならない。この場合において、当該届出書には、内閣府令で定める書類を添付しなければならない。

3　公安委員会は、第一項又は前項の規定による届出（同項の規定による届出にあっては、廃止に係るものを除く。）があったときは、内閣府令で定めるところにより、当該届出をした者に対し、届出があったことを証する書面を交付しなければならない。

（名義貸しの禁止）

第五条　前条第一項の規定による探偵業の届出をした者は、自己の名義をもって、他人に探偵業を営ませてはならない。

（探偵業務の実施の原則）

第六条　探偵業者及び探偵業者の業務に従事する者（以下「探偵業者等」という。）は、探偵業務を行うに当たっては、この法律により他の法令において禁止又は制限されている行為を行うことができることとなるものではないことに留意するとともに、人の生活の平穏を害する等個人の権利利益を侵害することがないようにしなければならない。

（書面の交付を受ける義務）

第七条　探偵業者は、依頼者と探偵業務を行う契約を締結しようとするときは、当該依頼者から、当該探偵業務に係る調査の結果を犯罪行為、違法な差別的取扱いその他の違法な行為のために用いない旨を示す書面の交付を受けなければならない。

（重要事項の説明等）

第八条　探偵業者は、依頼者と探偵業務を行う契約を締結しようとするときは、あらかじめ、当該依頼者に対し、次に掲げる事項について書面を交付して説明しなければならない。

一　探偵業者の商号、名称又は氏名及び住所並びに法人にあっては、その代表者の氏名

二　第四条第三項の書面に記載されている事項

三　探偵業務を行うに当たっては、個人情報の保護に関する法律（平成十五年法律第五十七号）その他の法令を遵守するものであること。

四　第十条に規定する事項

五　提供することができる探偵業務の内容

六　探偵業務の委託に関する事項

七　探偵業務の対価その他の当該探偵業務の依頼者が支払わなければならない金銭の概算額及び支払時期

八　契約の解除に関する事項

九　探偵業務に関して作成し、又は取得した資料の処分に関する事項

2　探偵業者は、依頼者と探偵業務を行う契約を締結したときは、遅滞なく、次に掲げる事項について当該契約の内容を明らかにする書面を当該依頼者に交付しなければならない。

一　探偵業者の商号、名称又は氏名及び住所並びに法人にあっては、その代表者の氏名

二　探偵業務を行う契約の締結を担当した者の氏名及び契約年月日

三　探偵業務に係る調査の内容、期間及び方法

四　探偵業務に係る調査の結果の報告の方法及び期限

五　探偵業務の委託に関する定めがあるときは、その内容

六　探偵業務の対価その他の当該探偵業務の依頼者が支払わなければならない金銭の額並びにその支払の時期及び方法

七　契約の解除に関する定めがあるときは、その内容

八　探偵業務に関して作成し、又は取得した資料の処分に関する定めがあるときは、その内容

（探偵業務の実施に関する規制）

第九条　探偵業者は、当該探偵業務に係る調査の結果が犯罪行為、違法な差別的取扱いその他の違法な行為のために用いられることを知ったときは、当該探偵業務を行ってはならない。

2　探偵業者は、探偵業務を探偵業者以外の者に委託してはなら

ない。

（秘密の保持等）

第十条　探偵業者の業務に従事する者は、正当な理由がなく、その業務上知り得た人の秘密を漏らしてはならない。探偵業者の業務に従事する者でなくなった後においても、同様とする。

2　探偵業者は、探偵業務に関して作成し、又は取得した文書、写真その他の資料（電磁的記録（電子的方式、磁気的方式その他人の知覚によっては認識することができない方式で作られた記録をいう。）を含む。）について、その不正又は不当な利用を防止するため必要な措置をとらなければならない。

（教育）

第十一条　探偵業者は、その使用人その他の従業者に対し、探偵業務を適正に実施させるため、必要な教育を行わなければならない。

（名簿の備付け等）

第十二条　探偵業者は、内閣府令で定めるところにより、営業所ごとに、使用人その他の従業者の名簿を備えて、必要な事項を記載しなければならない。

2　探偵業者は、第四条第三項の書面を営業所の見やすい場所に掲示しなければならない。

（報告及び立入検査）

第十三条　公安委員会は、この法律の施行に必要な限度において、探偵業者に対し、その業務の状況に関し報告若しくは資料の提出を求め、又は警察職員に探偵業者の営業所に立ち入り、業務の状況若しくは帳簿、書類その他の物件を検査させ、若しくは関係者に質問させることができる。

2　前項の規定により警察職員が立入検査をするときは、その身分を示す証明書を携帯し、関係者に提示しなければならない。

3　第一項の規定による立入検査の権限は、犯罪捜査のために認められたものと解釈してはならない。

（指示）

第十四条　公安委員会は、探偵業者等がこの法律又は探偵業務に関し他の法令の規定に違反した場合において、探偵業の業務の適正な運営が害されるおそれがあると認められるときは、当該探偵業者に対し、必要な措置をとるべきことを指示することができる。

（営業の停止等）

第十五条　公安委員会は、探偵業者等がこの法律若しくは探偵業務に関し他の法令の規定に違反した場合において探偵業の業務の適正な運営が著しく害されるおそれがあると認められるとき、又は前条の規定による指示に違反したときは、当該探偵業者に対し、当該営業所における探偵業について、六月以内の期間を定めて、その全部又は一部の停止を命ずることができる。

2　公安委員会は、第三条各号のいずれかに該当する者が探偵業を営んでいるときは、その者に対し、営業の廃止を命ずることができる。

（方面公安委員会への権限の委任）

第十六条　この法律の規定により道公安委員会の権限に属する事務は、政令で定めるところにより、方面公安委員会に行わせることができる。

（罰則）

第十七条　第十五条の規定による処分に違反した者は、一年以下の懲役又は百万円以下の罰金に処する。

第十八条　次の各号のいずれかに該当する者は、六月以下の懲役又は三十万円以下の罰金に処する。

一　第四条第一項の規定による届出をしないで探偵業を営んだ者

二　第五条の規定に違反して他人に探偵業を営ませた者

三　第十四条の規定による指示に違反した者

第十九条　次の各号のいずれかに該当する者は、三十万円以下の罰金に処する。

一　第四条第一項の届出書又は添付書類に虚偽の記載をして提出した者

二　第四条第二項の規定に違反して届出書若しくは添付書類を提出せず、又は同項の届出書若しくは添付書類に虚偽の記載をして提出した者

三　第八条第一項若しくは第二項の規定に違反して書面を交付せず、又はこれらの規定に規定する事項を記載しない書面若しくは虚偽の記載のある書面を交付した者

四　第十二条第一項に規定する名簿を備え付けず、又はこれに必要な事項を記載せず、若しくは虚偽の記載をした者

五　第十三条第一項の規定に違反して報告をせず、若しくは資料の提出をせず、若しくは同項の報告若しくは資料の提出について虚偽の報告をし、若しくは虚偽の資料を提出した者又は同項の規定による立入検査を拒み、妨げ、若しくは忌避した者

第二十条　法人の代表者又は法人若しくは人の代理人、使用人その他の従業者が、その法人又は人の業務に関し、前三条の違反行為をしたときは、行為者を罰するほか、その法人又は人に対しても、各本条の罰金刑を科する。

附　則

（施行期日）

第一条　この法律は、公布の日から起算して一年を超えない範囲内において政令で定める日から施行する。

（経過措置）

第二条　この法律の施行の際現に探偵業を営んでいる者は、この法律の施行の日から一月間は、第四条第一項の規定による届出をしないで、探偵業を営むことができる。

（検討）

第三条　この法律の規定については、この法律の施行後三年を目途として、この法律の施行の状況、探偵業者の業務の実態等を勘案して検討が加えられ、必要があると認められるときは、所要の措置が講ぜられるものとする。

附　則　（平成二三年六月三日法律第六一号）　抄

（施行期日）

第一条　この法律は、公布の日から起算して一年を超えない範囲内において政令で定める日（以下「施行日」という。）から施行する。

障害を理由とする差別の解消の推進に関する法律

（平成二十五年六月二十六日法律第六十五号）

第一章　総則（第一条―第五条）

第一章　総則

（目的）

第一条　この法律は、障害者基本法（昭和四十五年法律第八十四号）の基本的な理念にのっとり、全ての障害者が、障害者でない者と等しく、基本的人権を享有する個人としてその尊厳が重んぜられ、その尊厳にふさわしい生活を保障される権利を有することを踏まえ、障害を理由とする差別の解消の推進に関する基本的な事項、行政機関等及び事業者における障害を理由とする差別を解消するための措置等を定めることにより、障害を理由とする差別の解消を推進し、もって全ての国民が、障害の有無によって分け隔てられることなく、相互に人格と個性を尊重し合いながら共生する社会の実現に資することを目的とする。

（定義）

第二条　この法律において、次の各号に掲げる用語の意義は、それぞれ当該各号に定めるところによる。

一　障害者　身体障害、知的障害、精神障害（発達障害を含む。）その他の心身の機能の障害（以下「障害」と総称する。）がある者であって、障害及び社会的障壁により継続的に日常生活又は社会生活に相当な制限を受ける状態にあるものをいう。

二　社会的障壁　障害がある者にとって日常生活又は社会生活を営む上で障壁となるような社会における事物、制度、慣行、観念その他一切のものをいう。

三　行政機関等　国の行政機関、独立行政法人等、地方公共団体（地方公営企業法（昭和二十七年法律第二百九十二号）第三章の規定の適用を受ける地方公共団体の経営する企業を除く。第七号、第十条及び附則第四条第一項において同じ。）及び地方独立行政法人をいう。

四　国の行政機関　次に掲げる機関をいう。

イ　法律の規定に基づき内閣に置かれる機関（内閣府を除く。）及び内閣の所轄の下に置かれる機関

ロ　内閣府、宮内庁並びに内閣府設置法（平成十一年法律第八十九号）第四十九条第一項及び第二項に規定する機関（これらの機関のうちニの政令で定める機関が置かれる機関にあっては、当該政令で定める機関を除く。）

ハ　国家行政組織法（昭和二十三年法律第百二十号）第三条第二項に規定する機関（ホの政令で定める機関が置かれる機関にあっては、当該政令で定める機関を除く。）

ニ　内閣府設置法第三十九条及び第五十五条並びに宮内庁法（昭和二十二年法律第七十号）第十六条第二項の機関並びに内閣府設置法第四十条及び第五十六条（宮内庁法第十八条第一項において準用する場合を含む。）の特別の機関で、政令で定めるもの

ホ　国家行政組織法第八条の二の施設等機関及び同法第八条の三の特別の機関で、政令で定めるもの
へ　会計検査院
五　独立行政法人等　次に掲げる法人をいう。
イ　独立行政法人（独立行政法人通則法（平成十一年法律第百三号）第二条第一項に規定する独立行政法人をいう。ロにおいて同じ。）
ロ　法律により直接に設立された法人、特別の法律により特別の設立行為をもって設立された法人（独立行政法人を除く。）又は特別の法律により設立され、かつ、その設立に関し行政庁の認可を要する法人のうち、政令で定めるもの
六　地方独立行政法人　地方独立行政法人法（平成十五年法律第百十八号）第二条第一項に規定する地方独立行政法人（同法第二十一条第三号に掲げる業務を行うものを除く。）をいう。
七　事業者　商業その他の事業を行う者（国、独立行政法人等、地方公共団体及び地方独立行政法人を除く。）をいう。

（国及び地方公共団体の責務）

第三条　国及び地方公共団体は、この法律の趣旨にのっとり、障害を理由とする差別の解消の推進に関して必要な施策を策定し、及びこれを実施しなければならない。

（国民の責務）

第四条　国民は、第一条に規定する社会を実現する上で障害を理由とする差別の解消が重要であることに鑑み、障害を理由とする差別の解消の推進に寄与するよう努めなければならない。

（社会的障壁の除去の実施についての必要かつ合理的な配慮に関する環境の整備）

第五条　行政機関等及び事業者は、社会的障壁の除去の実施についての必要かつ合理的な配慮を的確に行うため、自ら設置する施設の構造の改善及び設備の整備、関係職員に対する研修その他の必要な環境の整備に努めなければならない。

第二章　障害を理由とする差別の解消の推進に関する基本方針

第六条　政府は、障害を理由とする差別の解消の推進に関する施策を総合的かつ一体的に実施するため、障害を理由とする差別の解消の推進に関する基本方針（以下「基本方針」という。）を定めなければならない。

2　基本方針は、次に掲げる事項について定めるものとする。
一　障害を理由とする差別の解消の推進に関する施策に関する基本的な方向
二　行政機関等が講ずべき障害を理由とする差別を解消するための措置に関する基本的な事項
三　事業者が講ずべき障害を理由とする差別を解消するための措置に関する基本的な事項
四　その他障害を理由とする差別の解消の推進に関する施策に関する重要事項

3　内閣総理大臣は、基本方針の案を作成し、閣議の決定を求めなければならない。

4　内閣総理大臣は、基本方針の案を作成しようとするときは、あらかじめ、障害者その他の関係者の意見を反映させるために必要な措置を講ずるとともに、障害者政策委員会の意見を聴かなければならない。

5　内閣総理大臣は、第三項の規定による閣議の決定があったときは、遅滞なく、基本方針を公表しなければならない。

6　前三項の規定は、基本方針の変更について準用する。

第三章　行政機関等及び事業者における障害を理由とする差別を解消するための措置

（行政機関等における障害を理由とする差別の禁止）

第七条　行政機関等は、その事務又は事業を行うに当たり、障害を理由として障害者でない者と不当な差別的取扱いをすることにより、障害者の権利利益を侵害してはならない。

2　行政機関等は、その事務又は事業を行うに当たり、障害者から現に社会的障壁の除去を必要としている旨の意思の表明があった場合において、その実施に伴う負担が過重でないときは、障害者の権利利益を侵害することとならないよう、当該障害者の性別、年齢及び障害の状態に応じて、社会的障壁の除去の実施について必要かつ合理的な配慮をしなければならない。

（事業者における障害を理由とする差別の禁止）

第八条　事業者は、その事業を行うに当たり、障害を理由として障害者でない者と不当な差別的取扱いをすることにより、障害者の権利利益を侵害してはならない。

2　事業者は、その事業を行うに当たり、障害者から現に社会的障壁の除去を必要としている旨の意思の表明があった場合において、その実施に伴う負担が過重でないときは、障害者の権利利益を侵害することとならないよう、当該障害者の性別、年齢及び障害の状態に応じて、社会的障壁の除去の実施について必要かつ合理的な配慮をするように努めなければならない。

（国等職員対応要領）

第九条　国の行政機関の長及び独立行政法人等は、基本方針に即して、第七条に規定する事項に関し、当該国の行政機関及び独立行政法人等の職員が適切に対応するために必要な要領（以下この条及び附則第三条において「国等職員対応要領」という。）を定めるものとする。

2　国の行政機関の長及び独立行政法人等は、国等職員対応要領を定めようとするときは、あらかじめ、障害者その他の関係者の意見を反映させるために必要な措置を講じなければならない。

3　国の行政機関の長及び独立行政法人等は、国等職員対応要領を定めたときは、遅滞なく、これを公表しなければならない。

4　前二項の規定は、国等職員対応要領の変更について準用する。

（地方公共団体等職員対応要領）

第十条　地方公共団体の機関及び地方独立行政法人は、基本方針に即して、第七条に規定する事項に関し、当該地方公共団体の機関及び地方独立行政法人の職員が適切に対応するために必要な要領（以下この条及び附則第四条において「地方公共団体等職員対応要領」という。）を定めるよう努めるものとする。

2　地方公共団体の機関及び地方独立行政法人は、地方公共団体等職員対応要領を定めようとするときは、あらかじめ、障害者その他の関係者の意見を反映させるために必要な措置を講ずるよう努めなければならない。

3　地方公共団体の機関及び地方独立行政法人は、地方公共団体等職員対応要領を定めたときは、遅滞なく、これを公表するよう努めなければならない。

4　国は、地方公共団体の機関及び地方独立行政法人による地方公共団体等職員対応要領の作成に協力しなければならない。
5　前三項の規定は、地方公共団体等職員対応要領の変更について準用する。

（事業者のための対応指針）
第十一条　主務大臣は、基本方針に即して、第八条に規定する事項に関し、事業者が適切に対応するために必要な指針（以下「対応指針」という。）を定めるものとする。
2　第九条第二項から第四項までの規定は、対応指針について準用する。

（報告の徴収並びに助言、指導及び勧告）
第十二条　主務大臣は、第八条の規定の施行に関し、特に必要があると認めるときは、対応指針に定める事項について、当該事業者に対し、報告を求め、又は助言、指導若しくは勧告をすることができる。

（事業主による措置に関する特例）
第十三条　行政機関等及び事業者が事業主としての立場で労働者に対して行う障害を理由とする差別を解消するための措置については、障害者の雇用の促進等に関する法律（昭和三十五年法律第百二十三号）の定めるところによる。

第四章　障害を理由とする差別を解消するための支援措置

（相談及び紛争の防止等のための体制の整備）
第十四条　国及び地方公共団体は、障害者及びその家族その他の関係者からの障害を理由とする差別に関する相談に的確に応ずるとともに、障害を理由とする差別に関する紛争の防止又は解決を図ることができるよう必要な体制の整備を図るものとする。

（啓発活動）
第十五条　国及び地方公共団体は、障害を理由とする差別の解消について国民の関心と理解を深めるとともに、特に、障害を理由とする差別の解消を妨げている諸要因の解消を図るため、必要な啓発活動を行うものとする。

（情報の収集、整理及び提供）
第十六条　国は、障害を理由とする差別を解消するための取組に資するよう、国内外における障害を理由とする差別及びその解消のための取組に関する情報の収集、整理及び提供を行うものとする。

（障害者差別解消支援地域協議会）
第十七条　国及び地方公共団体の機関であって、医療、介護、教育その他の障害者の自立と社会参加に関連する分野の事務に従事するもの（以下この項及び次条第二項において「関係機関」という。）は、当該地方公共団体の区域において関係機関が行う障害を理由とする差別に関する相談及び当該相談に係る事例を踏まえた障害を理由とする差別を解消するための取組を効果的かつ円滑に行うため、関係機関により構成される障害者差別解消支援地域協議会（以下「協議会」という。）を組織することができる。
2　前項の規定により協議会を組織する国及び地方公共団体の機関は、必要があると認めるときは、協議会に次に掲げる者を構成員として加えることができる。
一　特定非営利活動促進法（平成十年法律第七号）第二条第

二項に規定する特定非営利活動法人その他の団体
二　学識経験者
三　その他当該国及び地方公共団体の機関が必要と認める者
（協議会の事務等）
第十八条　協議会は、前条第一項の目的を達するため、必要な情報を交換するとともに、障害者からの相談及び当該相談に係る事例を踏まえた障害を理由とする差別を解消するための取組に関する協議を行うものとする。
2　関係機関及び前条第二項の構成員（次項において「構成機関等」という。）は、前項の協議の結果に基づき、当該相談に係る事例を踏まえた障害を理由とする差別を解消するための取組を行うものとする。
3　協議会は、第一項に規定する情報の交換及び協議を行うため必要があると認めるとき、又は構成機関等が行う相談及び当該相談に係る事例を踏まえた障害を理由とする差別を解消するための取組に関し他の構成機関等から要請があった場合において必要があると認めるときは、構成機関等に対し、相談を行った障害者及び差別に係る事案に関する情報の提供、意見の表明その他の必要な協力を求めることができる。
4　協議会の庶務は、協議会を構成する地方公共団体において処理する。
5　協議会が組織されたときは、当該地方公共団体は、内閣府令で定めるところにより、その旨を公表しなければならない。
（秘密保持義務）
第十九条　協議会の事務に従事する者又は協議会の事務に従事していた者は、正当な理由なく、協議会の事務に関して知り得た秘密を漏らしてはならない。
（協議会の定める事項）
第二十条　前三条に定めるもののほか、協議会の組織及び運営に関し必要な事項は、協議会が定める。

第五章　雑則

（主務大臣）
第二十一条　この法律における主務大臣は、対応指針の対象となる事業者の事業を所管する大臣又は国家公安委員会とする。
（地方公共団体が処理する事務）
第二十二条　第十二条に規定する主務大臣の権限に属する事務は、政令で定めるところにより、地方公共団体の長その他の執行機関が行うこととすることができる。
（権限の委任）
第二十三条　この法律の規定により主務大臣の権限に属する事項は、政令で定めるところにより、その所属の職員に委任することができる。
（政令への委任）
第二十四条　この法律に定めるもののほか、この法律の実施のため必要な事項は、政令で定める。

第六章　罰則

第二十五条　第十九条の規定に違反した者は、一年以下の懲役又は五十万円以下の罰金に処する。
第二十六条　第十二条の規定による報告をせず、又は虚偽の報告をした者は、二十万円以下の過料に処する。

附　則　抄

（施行期日）

第一条　この法律は、平成二十八年四月一日から施行する。ただし、次条から附則第六条までの規定は、公布の日から施行する。

（基本方針に関する経過措置）

第二条　政府は、この法律の施行前においても、第六条の規定の例により、基本方針を定めることができる。この場合において、内閣総理大臣は、この法律の施行前においても、同条の規定の例により、これを公表することができる。

2　前項の規定により定められた基本方針は、この法律の施行の日において第六条の規定により定められたものとみなす。

（国等職員対応要領に関する経過措置）

第三条　国の行政機関の長及び独立行政法人等は、この法律の施行前においても、第九条の規定の例により、国等職員対応要領を定め、これを公表することができる。

2　前項の規定により定められた国等職員対応要領は、この法律の施行の日において第九条の規定により定められたものとみなす。

（地方公共団体等職員対応要領に関する経過措置）

第四条　地方公共団体の機関及び地方独立行政法人は、この法律の施行前においても、第十条の規定の例により、地方公共団体等職員対応要領を定め、これを公表することができる。

2　前項の規定により定められた地方公共団体等職員対応要領は、この法律の施行の日において第十条の規定により定められたものとみなす。

（対応指針に関する経過措置）

第五条　主務大臣は、この法律の施行前においても、第十一条の規定の例により、対応指針を定め、これを公表することができる。

2　前項の規定により定められた対応指針は、この法律の施行の日において第十一条の規定により定められたものとみなす。

（政令への委任）

第六条　この附則に規定するもののほか、この法律の施行に関し必要な経過措置は、政令で定める。

（検討）

第七条　政府は、この法律の施行後三年を経過した場合において、第八条第二項に規定する社会的障壁の除去の実施についての必要かつ合理的な配慮の在り方その他この法律の施行の状況について検討を加え、必要があると認めるときは、その結果に応じて所要の見直しを行うものとする。

第二部　識字学級三十年 〜 私が出会った部落問題

一、はじめに

識字学級に通い始めたのは、1979年4月のこと。赴任したばかりのI中学校区内にあったN支部識字学級講師になったのである。二十四歳だった。当時、部落解放同盟小倉地区協議会の管内には、南北区合わせて七十七の支部があったため、日常活動を六つのブロックに分けて行っていた。I中学校は、周辺の三つの中学校区に散在する十二支部が集まったYブロックの中にあったが、いずれの婦人部も文字の読み書きはあまり行っておらず、識字学級ではなく婦人解放学級と呼ばれていた（現在は婦人部ではなく、女性部という呼称に変わっているが、本稿では当時の婦人部を使わせてもらうことにする）。次の年からはO支部の識字学級にも顔を出すようになり、83年からはS支部にも。三つの識字学級講師の掛け持ちは、近隣のN中学校に異動する92年まで続いた。93年からはN中学校区内のY・N・K支部などに足を運ぶようになったことで、N・O・S支部からやや足が遠のいてしまったが、それでも一定の関わりは持続していた。

その後さらに二度の転勤はあったが、O支部を中心にI中学校区の識字学級通いは続いた。だが、同和対策関連法の失効とともに、各支部で行われていた学習会が隣保館「啓発講座」として一括して実施されるようになったので、現在はその講師として、月二回、隣保館に顔を出すようになっている。

ただし、私の通っている隣保館は、適当な建設地がなかったため被差別部落外の場所に建てられた他に例を見ない施設なので、各支部に直接出かける機会はほとんどなくなってしまったのが現状である。

そのような講座も含めた識字学級通いが、今年（二〇一一年）で三十三年目を迎えた。社会問題の一つとしての興味関心からスタートした被差別部落との関わりであるが、識字学級を通した多くの出会いほど、私自身の認識を深め、広め、一新させてくれたものはない。その意味で、私にとっての識字学級は、部落問題理解のみにとどまらず、人間理解のためのかけがえのないフィールドであった。中でも、偶然始めることになった聞き書きは、被差別部落に生まれ育ったそれぞれの人生を、私なりに受け止めたどり直す作業となることで、私の部落認識の根幹を形づくり支えるものとなっていった。本稿の目的は、いくつかの聞き書きを紹介しながら、私の部落認識の変化と深化を記し、部落問題を新しい視点から見つめ直してもらうことにある。

二、部落問題との出会い ～ 学生時代

私は、Ｉ中学校の教師として識字学級に通い始めた。教師であることが、識字学級に関わる必然性を与えてくれたことは間違いないが、自分が教師であるから識字学級に通ってきたわけではない。あくまでも部落問題に対する私自身の主体的な興味関心によって、部落問題に関わり続けてきたのである。

私は、さまざまな偶然が重なることで、教師になる以前から、部落問題や部落解放運動、同和教育に関する知識を一定程度身に付けていた。その知識は限定的なものに過ぎなかったが、部落問題や部

落解放運動、同和教育に関わっていく原動力となるには充分であった。では、部落問題に関するいかなる授業も行われていなかった時代に、私は、どのようにして部落問題の存在を知り、興味を抱くようになっていったのか、まずそのことから記してみたい。

私は福岡県若松市（現在は北九州市若松区）生まれの若松育ちである。大学四年間を除けば、他の土地で暮らしたことがない。北九州という土地は、八幡製鉄所の開業と筑豊炭田の石炭積み出しによって日本近代化のフロンティアとなった所で、全国から一旗揚げるために移り住んできた多くの人々によって都市が形成された。若松出身の芥川賞作家である火野葦平が、当時の活況と男達の相剋を描いた『花と龍』は、東映映画にもなったので知っている人も少なくないだろう。かく言う私の曾祖父も、背中に昇り龍と桜を背負い、明治三十年代に大阪から若松にやってきて、港湾土木の事業を興し成功を収めた人間である。

そのような土地柄であるから、都市部住人の中で地元出身者の占める割合が少なく、共同体としての結びつきもそれほど強くないという特徴がある。部落差別というのは、共同体と共同体の関係の中で生まれ維持されていく性質を持っているものだから、差別する側の共同体の伝統が都市化によって薄められ失われていくと、その分だけ差別―被差別の関係も見えにくいものになっていく。具体的には、どこが被差別部落であるとか、その地域の被差別部落に特有の職業であるとか姓であるとかに関する情報を知らない人間が増え、部落差別に関わる会話も限定的なものになっていくのである。私が生まれ育った地域もそうで、生活圏から少し離れた場所に被差別部落があることを後になって知ったのだが、中学二年生までは被差別部落の存在そのものを知らなかったし、差別・賤称語どころか、被差別部落を話題にした会話を、家庭や学校、地域で耳にしたこともなかった。

おかげで私は、予断や偏見にあふれた大人の会話ではなく、小説『橋のない川』によって部落問題と出会うという幸運を手にすることになった。中学二年の夏休み、毎日のように通っていた近くのちょっとおしゃれな貸本屋で、たまたま目にした『橋のない川』を読んだのである。きっかけは、装丁が気に入ったといった程度のことだったような気がする。当時第四部まで出版されていたのだが、それほど読むのに手間取ったという記憶はないから、多分ストーリー展開に熱中して一気に読んだのだろう。今でもいくつかの場面と、そのシーンを読んだときの心の感触ははっきりと覚えている。こうして私は、初めて部落差別という社会問題の存在と島崎藤村の『破戒』を知り、興味を持ったのである。しかし、同じ貸本屋から借りて前年から読み始めていた連載進行中の『カムイ伝』の世界を『橋のない川』と関連づけて考えた記憶はないので、まだその程度の興味にとどまっていたのは間違いない。

中学三年になって『破戒』を読んだ。使われている語句の難しさもあったかもしれないが、『橋のない川』の方がインパクトは強かった。

高校一年、今井正監督の映画『橋のない川』第一部が、地元の映画館で特別上映されたのを見に行った。一週間くらい、夜の部で一度だけという変則的な上映だった。若松高校の生徒だと言うと割引になるから行くようにと、担任が帰りの会で勧めたように思う。伊藤雄之助の存在感が際立っていた。後にN支部の婦人部で知り合った、若松から嫁いできていたRさんが「私も支部の動員で見にいった」というので、「ひょっとしたら同じ日に席を並べて見ていたかもしれませんね」と会話が弾んだ。

高校二年、修学旅行の時、男子ばかりのバスの中で級友のOが情感たっぷりに歌いあげたのが、「フォークの神様」岡林信康の「手紙」だった。部落差別によって愛する人との結婚を阻まれ、自死を選んだ女性の残したメッセージを歌にしたものである。Oの歌唱力もあって心を動かされ、後にテープを手に入れ、自分で歌えるようになるまで何度も聴いた。同じテープには、被差別部落の小学生の思いを歌にした「チューリップのアップリケ」も入っていたが、こちらの方は、あまりピンとこなかった。ようやく「チューリップのアップリケ」の歌詞に込められた思いや背景を理解したのは、教師になってからである。

年が明けてから、知り合いの中学教師I先生の家で、その学校で初めて行われた同和教育研修会の講演テープを聞かせてもらった。講師は、福岡県同和教育研究協議会会長の林力という人。政治起源説に基づく簡単な部落史入門もあったのだが、教育内容を問う切り口がとても新鮮で、「教師の仕事は生徒に○を付けること」「×はそのまま教師にとっての教育課題」「そのことを果たしてどれだけの教師が意識して採点しているのか」という話には、こんな視点から教育について考えている教師がいるのかと感動した。友人たちに（みんなI先生の教え子達だった）、そのテープの内容を吹聴し「I先生の家に行って聞いてこい」と宣伝した結果、生徒会長をしていたKが実際に出かけていって聞いたらしく、おもしろそうだから文化祭に呼ぼうと言い出す。

高校三年、Kの努力の結果、文化祭の生徒会企画として同和教育講演会が行われることになる。まだ同和教育そのものが行われていなかった1972年秋のことであるから、全国的にも希有のことではなかったろうか。「林力」を呼ぶはずだったのだが、おそらく生徒会顧問の教師を窓口とした関係で、県の高同教を代表する先生が来て講演した。会議室には生徒が三十人ほど集まったが、教師は生徒会顧問の数学教師と社会科教師の二人だけ。その時の講師が、安蘇龍生先生(現福岡県人権研究所理事)だった。その講演から狭山事件のことを初めて知る。また「寝た子を起こすな」という考え方についても話題になったことを覚えている。

一浪した後東京都立大学に入学。一年生の時が狭山高裁判決の年で、卒業の頃に八鹿高校事件があった。大学に部落解放研究会(被差別部落出身のメンバーは一人もいなかった)があったが、入会はしなかった。しかし部落問題に関する興味から、学習会には顔を出すようにしていた。識字学級のこと、解放子ども会のこと、部落解放運動のことなど、それなりに知るようになる。また、狭山弁護団の中山弁護士の父親を囲んでの学習会で、その生い立ちや運動との出会いなどを聞いたのが、被差別部落出身を自ら名乗って活動している人との最初の対面だった。顧問をしていたのが、後に福岡教育大学で教鞭を執ることになる川向秀武先生で、その頃は助手をされていた。

やがて部落研のメンバーと顔見知りになり、気軽に話す仲にはなったが、学習会の最初に狭山歌を歌うことには拒否感があったので、記憶にある限り、メロディを覚えてからも一度も歌わなかった。また、デモや集会、当時大学の解放研メンバーが関わっていた地元子ども会への参加勧誘も、中途半端に部落問題に関わるのは当事者に対して失礼だと強く思っていたのですべて断っていた。当時はまだ多くの現場が残されていたはずの狭山現地調査にも誘われたが、資料だけで「石川さんは無実だ」と十分に納得できたので、あえて行く気にはなれなかった。後日、教師になって現地調査に行ったのだが、すでにあちこちで開発が進んでおり、石川さんの無実を説明する機会があるたびに、大学時代に行っておけばよかったと後悔した。

また帰省中に、若松高校で同和教育が始まり、あの無関心だった教師達が部落問題について授業していいるらしいと聞き、特設授業とは言え、いったい何を話しているのだろうと疑問に思うとともに、そんな付け焼き刃の授業を受けたら、教師への反発から、同和教育や部落問題そのものに対して悪感情を持つ生徒が増えるだけではないかと少し腹が立った。まもなく、若松高校は校誌に掲載された生徒の作文が発端となり糾弾を受けることになるのだが、そのことを知ったのは大学卒業後のことである。

知り合いのK先生が被差別部落を校区に持つ中学校に初めて転勤、被差別部落の子どもたちの「荒れ」や、その社会的背景について聞かせてもらってなるほどと思ったのもこの頃である。八尾中事件のことはまだ知らなかったが、それと同様の出来事が、当時の小倉でも起こっていたのである。

一方、大学の講義で「説経節」が取り上げられたことがきっかけとなり、さまざまな芸能を担った中世被差別民の存在に関心を持つようになった。私の部落史に関する興味が、近世政治起源説の枠を超えて、当初から中世芸能民の問題を含むものであったのはこのためである。また、差別糾弾のあり方を巡る論議や部落差別と表現の問題が取り上げられ始めていた時期でもあったので、そのことをテーマに、別に発表する場もなかったのだが、次のような小論文「差別に関する覚え書き」を書いた。

差別の現状について、僕らは、望むなら多くのことを知ることができる。そこに含まれる偏見・歴史・現状、そして差別されてきた人々がどのような困難のなかで生きてきたかなど。けれど知識や資料によって差別を理解することと、それを感じることは全く違ったことである。そして僕らが、差別されることの痛みを感じることなど、永久にできるわけはないのだ。

しかし、だからといって、そのことを僕らが引け目にしなければならないなどということはありえない。それは、僕らが差別に関わろうとするときに、自らの属性として前提的に認識しておくべきことではあっても、僕らの精神の不誠実を表すものではないのである。

この点は、はっきりしておかないと、様々な誤りをもたらすことになる。なぜなら、現実の差別的状態を表面的にではあれ、取りあえず修正させていく行為は、必ずしも差別に対する本質的解決を含んではいないからである。差別されてきた人々の主張を常に全面的に受け入れることが、僕らの取るべき最善の道であるとは限らない。

もちろん彼らの主張が、充分な上にも充分に尊重されるべきであることは言うまでもない。彼らは、長い間人間であることを制限され続けてきている。しかも、その理由は、すべてちょっとした偶然でしかなかった。

彼らが、その失われた人間を、たった今回復したいと思うことに、何の不思議があるだろう。そして、その手段が、僕らにとって過激なもの、僕ら自身を脅かすようなものであったとしても、そのことで彼らを責める権利を僕らは持たない。彼らは、その採るべき方法について、僕らとうまく折り合いを付ける時間を持てるほどのんびりしてはいられない。彼らが人間であることを回復されるべきなのは、今すぐなのであり、そのことで彼らが、さらに何十年間も非人間的処遇にあまんじながら待たねばならぬ理由はどこにもないはずである。

「もしこの家があらゆる人々にとって自由と平等と正義のある家なら、もし、それが本当にあるならわれわれにも与えられるべきである。そして、それがもしわれわれに与えられないなら誰にも与えられるべきではない」（マルコムX『いかなる手段をとろうとも』）

こうした差別の痛みという実感に支えられた主張の切実さは、僕らを感動させる。しかし、この感動には、感傷の影が濃いことを見逃すことはできない。なぜなら彼らの切実さと実感は、僕らにとって共有可能なものではなく、それについて考え、判断すべき対象として存在しているからである。

彼らの主張に身を委ねることは、実は僕らにとって主体性の放棄となる危険性さえ孕んでいるのだ。それは、その主張が充分正しいと思われるときであってもそうである。

そう、差別問題には最初から決定的に異なる二つの立場があるのだ。差別される側にある人にとってのそれと、そうでない人にとってのそれが。

むろん両者が協力せねばならぬのは言うまでもない。そこにおいてしか解放は考えられない。しかし、それと同様に、両者が一致せねばならぬ必要は全くない。例えば一つの出来事を差別と感じるか否かにおいてさえ、両者の判断は異なってくるはずだ。そして彼らが差別を感じたことに、僕らがおよそ差別を感じなかったからといって、どちらかが間違っているとか、黒白つけるといった考え方をすることは大きな誤りである。

その感じ方の違いという事実をはっきりさせていくことで、僕らは初めて差別を間に彼らと正面切って対峙できるのである。彼らの切実さの前に、自分の感覚を抑制し、彼らに従うのではなくて、遠慮することなく、自分を主張するときに、差別的状況を切り開くダイアローグが生産される。そしてその感じ方を根とした、彼らとは異質の、差別への取り組みを拓くことに、僕らの差別問題への真の参加があるのではないだろうか。

八鹿高校の事件が起こったとき、僕はそれについて言葉にしたい何かを感じた。また、最近の差別語問題についても同じである。しかし、差別について書くことは難しい。それは、井伏鱒二なら井伏鱒二について書くことの難しさとは、全く違った種類のものである。

よく差別する者は、差別することによって自ら差別されていると言われる。僕らが差別について語ることの困難さは、まさにこの自ら差別されている、具体的な証明であるとは言えまいか。とすれば、僕らはこの書き難さについて、まず書き始めるべきであるのかもしれない。

いずれにせよ、八鹿高校の問題であれ、差別語の問題であれ、僕の基本的姿勢となる主張はすでに述べた。付け足すことがあるとすれば、八鹿高校の「暴力」について。それが町のヤクザの暴力と同じレベルで取沙汰されているという基本的誤りを指摘しておきたい。事実関係がどうであろうと、八鹿高校の出来事が、誰が誰を殴った、どれほど痛めつけたという安っぽい事件として、暴力の論理で取り扱われることは、差別問題の大きさに対してあまりに不当である。八鹿高校にかぎらず、これらのすべては、知の論理において問題とされねばならない。もしその人が、自分を正当化する手段としてあの出来事を利用しようとするのではなく、差別について本当に何かを考える契機とすることを望むのであるならば。

そしてもう一つ、差別語の問題について。差別語が存在することは確かである。その出自において、まさに差別語そのものとして創り出されたものから、派生的、結果的なものまで含めば、その数は並大抵のものではない。差別語の定義は一定していないが、単に差別的偏見を含むということにとどまらず、相手を個体性においてではなく、その所属によって捉えた言い方、相手とのコミュニケーションを一方的に断つ言い方、相手が社会的劣勢であることを前提にした言い方など、その範囲も広げればきりがない。しかし、差別語が存在するのは、その語においてではなく、文脈においてである。文脈を規制することなど不可能である以上、それを使う人間の問題と切り離して、差別語だけをなくしてしまうことなどできない相談である。しかもそれは、片方で表現の冒険をためらわせ、片方では、人々の言葉をより陰険にし、差別を潜行させてしまう可能性も充分に持っている。差別語をそれと気づかずに使う、あるいは気づいて使う人々の意識に言及することは大いにやるべきであるけれど、語だけを独立的に云々することが、いったい何になると言うのだろうか。

三十数年前の文章であるが、私が識字学級に通い始めた頃の基本的考えが、ここにはすべて含まれている。読み返してみて、特に訂正すべき部分はないが、ただ一つ大きく認識が変わったところがある。それは、「彼らの切実さと実感は、僕らにとって共有可能なものではなく」という箇所である。すべてが共有できるとは言わないが、一人ひとりとの関係が築かれていくにつれ、少なくとも怒りは自然に共有されるようになるものだということを、やがて私は実感するようになった。

以上のような積み重ねもあり、大学卒業の頃には、私の中で部落問題は、自分自身の興味関心と深く関わる最も身近な社会問題となっていたのである。

三、婦人解放学級との出会い

大学卒業後、半ば偶然に、私は福岡市の公立中学の国語教師となった。新採研修の一貫としてすでに同和教育の講座が設けられており、講師が語った「一人だけ掃除をしていない生徒がいたら、その子を注意するのではなく、その子を一人にしている周囲の課題に目を向けるのが同和教育の集団創りだ」との話が心に残った。講師は、当時福岡市教委の指導主事をされていた伊豆丸鼎先生（元福岡県人権研究所顧問）だった。

教師になる直前、宮城教育大学学長林竹二の『教育の再生を求めて』が出版され、K先生に勧められて一読し、大いに心を動かされていたのだが、最初に赴任した福岡市のH中学校校区には、未組織で混住の進んだ小さな被差別部落があるだけだった。月に一度、識字学級開設のための準備会のようなものが開かれていて一度だけ参加したが、我が子に部落問題をどのように語るべきかが議論されている段階で、自分が教えている生徒の中に被差別部落の生徒がいるのかどうかさえ、全く分からないままだった。

その冬、東京で最初に開かれた全同教大会に参加させてもらった。「出身大学に一番近い会場」という理由で選んだ「自然認識」の分科会で、林竹二の授業論を全面的に取り入れて活動していた兵庫解放研メンバーの数学の授業実践に触れることができた。分数の計算すらできない「低学力」の高校生と向き合いながら、数学が分かるとはどういうことかを追求した報告だったが、決して数学嫌いではなかった私が、生まれて初めて数学の授業を受けたような気がするほど素晴らしいレポートだった。

その後も多くの授業の実践報告に触れる機会はあったが、この報告を超えたものにはその後出会っていないと断言できる。

十月父が急逝したために、北九州市の自宅から通勤しなければならなくなり、始発での通勤を余儀なくされてしまった。その生活に耐えかね、異動希望を提出したら、翌年交換人事で北九州市小倉北区のI中学校に赴任することができた。生徒数が千数百人というH中学校に劣らぬ大規模校で、校区には部落解放同盟の支部を持つ、百数十～二百世帯程度の中規模の被差別部落が三つ存在し、「学力補充」と呼ばれていた子ども達の学習会と「婦人部」対象の解放（識字）学級が毎週実施されていた。大学の部落研メンバーと交わしていた、教師になったら絶対に関わるという約束を果たせるときが来たと、ちょっと気合いが入った状態でI中学での生活がスタートした。

年度当初の四月、学年ごとに二名ずつ割り当てられていた「同和教育担当」に、「是非させてください」と意気込んで立候補。その瞬間、周囲の教師に奇妙な雰囲気が流れたことを今でも覚えている。各学年から選ばれた六人の同和教育担当の間で、その年の役割分担が決められ、私に割り当てられたのが、N支部の婦人解放学級講師だった。

教頭に連れられて新任の挨拶をかねた校区の支部回りをした時、すでにN支部の支部長とは会っていたが、婦人部役員とは会わぬままだったので、ぶっつけ本番で、いよいよ第一回の解放学級の日を迎えた。大学時代の知識から、「どんな思いでここに来たのか」「何のためにここに来たのか」と、部落問題に対する意識や心構えをまず問いただされるだろうと気をはっていたのだが、そんな言葉を発する人もなく、集会所いっぱいに集まった百名を超える婦人部員の前で、平凡な自己紹介をしただけでその日は終わってしまった。終了後婦人部役員から、次回から何の勉強をしていけばいいのかと急に尋ねられた。聞けば、N支部はそれまで婦人部としての学習会を持ったことが一度もなく、何をしていいのか皆目分からないのだと言う。私の独断で決めていいのだろうかと疑問に思いながらも、三大闘争と呼ばれた「狭山」「地名総鑑」「特措法」をテーマに学習会を開くことにした。といっても、資料作りから説明まで基本的に私の自作自演で、婦人部長と副部長には進行をしてもらう程度である。果たして、どんな説明の仕方をすれば理解してもらえるのかも分からぬままの手探り状態で、私の識字学級との関わりが出発した。それが、すべてのとまどいの始まりだった。とにかく、大学の学習会で聞いたり、本で読んだりしていた部落解放運動や婦人解放学級と、何から何まで全く様子が違うのだ。

例えば、入学式に来賓として出席したある支部長は、同じく来賓で来ていた自民党市会議員と仲良くいっしょに起立して、君が代を歌っている。各支部の役員と会話していても、それなりの真剣さは感じられるのだが、こちらの姿勢を糾すどころか、部落問題や解放運動についてそれほど知識を持っていないのではないだろうかと疑問に思える言動が時折混じる。いろんなことについて、明らかに私の方が詳しいのだ。私が福教組に加盟した時は、ある支部長から「おまえは共産党に走るのか」と詰問気味に尋ねられた。狭山の同盟登校の時には、学校としての取り組みに組合の分会長が疑問を呈するので、私がその考え方は間違っていると反論していると、校長がそのとおりだと私を支持すると言った具合である。

小倉の同和教育運動の草分けである戸田武彦先生と後に出会い、小倉地区特有の、教育行政・教職員組合・部落解放同盟の複雑な関係史を聞かせてもらってから、ようやく自分を取り巻く状況を理解することができたのだが、当初は事情を説明できるような人も周囲におらず、自分が何をしたらいいのかただただ困惑の毎日だった。それでも、三人の婦人部役員は初めて聞く三大闘争の勉強に一生懸命取り組んでくれたし、学習会のいきなりの充実ぶりに支部長も大満足、学習以外のおしゃべりも楽しく、その辺に関して苦痛に思うことは何一つなかった。

四、全同教報告の中で

識字学級に通い始めてから四年目の1982年、地元の同和教育研究会で行った実践報告が、いつのまにか福岡県の代表に選ばれ、全同教鳥取大会の言語認識分科会で発表することになった。「部落《ムラ》が教師に語りかけるとき」というタイトルで報告したのだが、全同教大会そのものは、話す時間が限られていた上に討議もさほど盛り上がらず、鳥取に行ったという以上の思い出は残らなかった。だが、市と県と合わせて都合三度の報告機会を得たことで、識字学級参加を通じて自分の部落認識がどのように変化したのか、改めて意識化する機会を得たことは大きかった。次に掲げるのは、「婦人部で考えたこと～三年間をふりかえって」と題した、北九州市解放教育研究大会地域活動分科会でのレポートであるが、これを読めば私の三年間での質的な変化は一目瞭然であろう。

なぜ、婦人部に通おうと思ったのだろうかと、三年前の自分を考えてみます。

初めて解放運動の中に入っていくという緊張、婦人部に行けば、厳しい追及も含め、いろいろ教えてもらえるだろうという楽観、解放運動と教師としての自分をどう繋ごうかという課題、様々に思い浮かぶ中で言えることは、その頃の私には、理論にせよ運動にせよ、整理された抽象としての部落問題しかなかったということです。少なくとも、現実の部落問題が、どれほど複雑で多様な位相を持ち、矛盾に満ちたものであるか、考えたこともありませんでした。

したがって、「解放運動への連帯と参加」といった類の味気ない言葉で始まったこの三年余りの日々は、私に、部落問題こそは、この世で最も血の通った、味のある言葉でしか関わりえないものであることを、教えてくれる日々となったのです。そして、そのことは、集会所に行く途中で会ったときに、気軽に挨拶を交わし、ちょっとした世間話をしたりするおかあさんの数が増すにつれ、そこで感じる楽しさこそが、私の婦人部通いの何よりも大きな理由となっていったその変化に、端的に現れていると言えるでしょう。いつのまにか私は、「解放運動」という枠組みにこだわらなくなっていました。

婦人部に通うということは、そこで暮らす人々の様々な思い、つきつめて言えば人生に出会うということです。そして、多くの曲折を経た個々の人生の向こうに、ぼんやりと一つのモノが像を結ぶ瞬間というものがあります。私や、私の恋人や、私の祖父母や、私の父母兄弟や、「あなたがた」すべてや、生死を問わず、有形無形を問わず、この国の、つまりはこの世界の全体を包んでしまうそのぼんやりとしたモノが、ここで私が、私の言葉によって少しでも迫りたいと願っている、私の「部落問題」にほかなりません。

被差別部落のおかあさんには、ぶっきらぼうな物言いをする人が少なくありません。しかし、そのぶっきらぼうには、言葉にならなかった複雑な思いが、多く隠されています。

たとえば、昨年のことですが、少人数の学習会の席で、ある参加者が「うちは、差別なんかひとつもうけとらん」と発言し、みんながそれに頷いているとき、私の隣に座っていた一人のおかあさんが、「みんなはあんなに言いようけどねえ、あたしは、未だに忘れられん差別を受けたことがあるんですよ、センセエにならら話してもいいですけど…」と小声で私に話しかけてきました。少し前に、娘さんのことで相談を受けて以来、よく話すようになっていたおかあさんでした。日を改め、二人きりで話を聞かせてもらったのですが、彼女の生きることに対する清潔な思いに「人間てこんなにきれいだったのだろうか」と心を動かされるとともに、一人の人間が、被差別体験も含め、恵まれていたとは言えぬ自分の人生を他人に語るということの重さと、それとは比較にならぬとは言え、それを聞くということの重さを、痛いほど感じることができました。今でこそ、そのおかあさんは「センセエに話してよかった」と笑顔を見せてくれますが、まとめられた聞き書きに目を通すまで、心は不安で大きく揺れていただろうと思うのです。話さない方がよかったと感じた時もあったかもしれません。

自分を語るということが、このように大変なものであるにもかかわらず、安っぽいアンケートのような教師の質問の何と多いことでしょう。「おかあさんは、差別されたことはありますか？」そんな質問者の無神経への怒りが、「うちは、差別なんかひとつもうけとらん」には込められています。そしてもう一つ、自分達は差別されてきたかわいそうな人間ではなく、貧しさや厳しい労働に耐え、立派に生きてきた人間なのだという誇りもまた、そこには含まれていることを忘れるわけにはいきません。

婦人部の学習会は、解放歌で始まります。しかし、みんなが立って歌っているときも、たいぎそうに壁にもたれたままのおばあちゃん達がいます。学習会の最中も、彼女達は楽しそうに世間話に興じ、役員さん達を困らせることもあります。婦人部の役員に選ばれることもなく学習会で口を開くこともない彼女達は、講師である私とは最も縁遠い人達なのですが、その距離が逆に彼女たちの存在を、私の中で大きなものにしていきました。そこで、できれば彼女たちの話を聞きたいと、役員さん達とも相談し、昔のムラの様子を雑談風に語ってもらう会を企画しました。

最初は役員さんが会話をリードしていたのですが、ちょっとしたきっかけで、おばあちゃん達が話し始めました。するとどうでしょうか、あっという間の主役交代です。身振り手振りを入れながら、若い頃の話をしてくれるではありませんか。その圧倒されるような語り口、その楽しさ、その驚き。そこには、河童がいました。狐やタヌキも「化かす」という行為を通じて、人々とともに生きていました。もちろん、彼女達は、被差別の現実と関わりなく生きてきたわけではないでしょう。しかし、狐狸の棲む世界は、それを上回る力と優しさでムラを包み込み、生きる力を人々に与えていたように思います。そして、狐狸を育んだ里山が、宅地や舗装道路に姿を変えた今なお、残された断片的風景の中で、彼女達は狐狸とともに生きているのでした。

かつてこの国には、変化に富んだ自然を背景に、人獣交歓の古い伝統が存在しました。人と異類とが喜怒哀楽を共有し、時には子を成す姿は、民話等の伝えるところです。しかし、社会の都市化・近代化は、人と異類の間に厚い壁を築いていき、ついには一切の繋がりの断たれる時代が訪れました。身振り手振りを交え、身体全体で迫ってくる彼女たちの躍動を前に、獣達と対話する術を持たぬ世界に育った私は、私と私の世界が切り捨てていったものの大きさを思い知らされたのです。

時々、婦人部で飲むことがあります。集会所でやるときは、歌あり踊りあり余興ありのどんちゃん騒ぎになります。昨年の忘年会は、中でも凄絶でした。おかあさんたちの底なしの明るさと、開けっぴろげに脱帽しつつ、股間を押さえて集会所を逃げ回ったことなど昨日のように思い出します。

その晩、印象に残ったおかあさんの一人に、私のクラスの生徒のセーラー服に身を包み、はしゃいでいた人がいました。ところが、そのおかあさんがこの七月に自殺したというのです。はっきりした理由は分かりません。しかし、私が底なしの明るさとしか感じなかったものの背後に、死と隣り合わせの沈黙が存在していたことを知り、寒い思いが身内を駆けめぐりました。彼女が一滴もお酒を飲めない人だと知ったのは、その直後でした。

改まった席で話すことを苦手とするおかあさん達が多い中で、きちんと自分の考えを言葉にできるおかあさん達がいます。彼女達に共通するのは、比較的若く読み書きも達者で、まだ学校に通っている子供を持ち、運動にも積極的であるということ。私が最初に出会ったのも、運動の将来を担っているのも、彼女たちにほかなりません。

今、気になっていることがあります。彼女達の運動や子育てが「ムラの者は、読み書きができない、知識も教養もない、世の中から遅れている」といった認識からスタートしている場合が少なくないことです。しかし、もの言わぬおかあさん達にとって、この感覚は決して承諾できないものです。「文字を持たなかったからこそ、七十歳を過ぎたおばあちゃんが、夕陽を美しいと感じる少女のような感動を味わえたのではないのか」「一定の学歴を得てそれなりの職に就いた若者が、ムラを捨て出身を隠して生きるとき、文字と引き替えに失ったものは何なのか」という視点から問い直される文字の問題、差別からの解放とは何かという問題がここにはあります。

文字を持つ者達の生活が、文字を持たぬ人々の受苦の上に成立してきたという事実。そして、文字を持つ者達の世界に向けられる、もの言わぬおばあちゃんたちの不信感。我が子には恵まれた生活をという若いおかあさん達の願い。二つの切実な思いの間を揺れながら、私は今、四年目の婦人部通いの最中です。

報告の中にあったように、二年目を終える頃から、私は聞き書きをするようになっていた。発表を目的としたものではなく、せっかくの話を忘れぬための記録のようなもので、全同教報告の資料として手刷りのパンフレットにまとめるまでは、人目に触れることはなかったのだが、その聞き書きが私に気づかせてくれたことが二つあった。

一つは、被差別部落はムラであったということ。工業都市としての急速な発展によって、北九州市内の古い共同体の多くが失われていった中で、近代化から取り残された被差別部落には、地域の人々の関係の濃密さ以外にも、多くの旧小倉方言が残されていたり、江戸時代に起こった心中事件を歌った能行口説《のうぎょう》と呼ばれる盆踊りが当然のように踊られていたりするなど(本来は企救郡と呼ばれた小倉郊外の農村部で広く行われていたのだが現在は被差別部落以外の地域では一部でしか踊られていない)、昔ながらの村落共同体の特徴が多く残されていたのである。

もう一つは、現実の部落問題は、一人ひとりの人生の中の様々な体験や思いとして多様な形で存在しており、「被差別の現実に学ぶ」とは、そこに生まれ育った人々の人生と出会うことなのだという認識である。知識として部落問題に出会った私が、人々の暮らしや人生として部落問題に出会い直した場所、それが、識字学級という場であったのだ。

そして、実際に識字学級に通い始めるまでは、全く予想もしていなかったこの二つの発見こそ、私の部落問題との関わりの新たなスタート地点となったものなのである。その聞き書きについて、次章で詳しく触れていくことにしよう。

五、部落《ムラ》が語りかけるとき ～ 聞き書きの始まり

識字学級との関わりの中で、私が聞き書きを始めたのは偶然からである。前述の報告にあったおばあちゃん達の話があまりにもおもしろかったので、聞いたままにしておくのはもったいないと考え、話の中心であったNさん自身の話一編と、彼女たちが語ってくれた狐狸の話三編を、同様の話題に詳しい婦人部副部長のYさんに細部を確認しながらまとめてみたのがそもそもの始まりである。それが、以下の四つの聞き書きである。

〈うらん谷〉（Nさんの話）

あたしが生まれたのは大正六年、N町がまだI町チ言われよったころヨ。まわりを山に囲まれた裏の谷チ言うことで、うらん谷チ呼ばれることも多かった。集会所やアパート、学校の建っとるこのあたり一帯は、赤城山チ言われる小さい山で、秋になると松茸まで採れよった。その向こう、日明《ひあかり》に抜ける道のあるところは島谷《しまだに》、小倉工業高校は淀んだ大きい池やった。その池に、どこやらの坊《ぼん》さんが落ち込んでしもうて、みんなでさがしてもなかなか死体があがらんもんやけ、大騒ぎしたこともあっ

た。池の縁にそうて、細《ほっそ》い人ひとりようやっと通れるぐらいの道が、到津《いとうづ》の方までついちょった。道は、少し盛り上がった土手の上にあってから、人が植えたんか、ハゼの木がようけ（たくさん）並んどった。道は、その内、馬車が通れるごと（ように）広げられたとやけど、そいでも、少しうすぐろうなったら、もうタヌキやキツネが人を化かそうチ思うて出てきよった。化かされて、ひどいめにおうた人の話を、いっつも聞かされとったけ、うちだちは、化かされんごと急いで通るごとしよった。

戦後、住む人の多うなっていった仲通りやけど、昔は、あれで二十軒も家があったやろうか。小倉の町に近い方を前方、遠い方を裏方チ分けて呼びよった。六つか七つあった井戸をみんなで使い、風呂もないとこはよそにもらいに行きよった。五右衛門風呂チ言うの今でもあろうが。そんころは、I、F、H、S、Yの五つの姓しかなかったんやから、地の者は、みんな親類みたいなもんやが。

あたしんとこは、百姓しよった。だいたいは十二人兄弟なんやけど、戦争や病気で死んだりしたもんで、あたしが小学校あがるときには、十一人家族になっとった。こんな大きい五升炊きの鍋、よう洗わせられよったん覚えとる。

学校は、K小学校卒業したことになっとるけど、全然行っとらん。貧乏しよって行けんやったんやのうて、あたしが自分で行かんかったと。「学校なんチ行ってなんするか」「勉強なんチしてどげすっか」チ思うてからねえ。今、思うたら、なんか恥ずかしいごとあるし、行っときゃよかったチ思うときもあるけど。親は、学校行けチ言いよった。そやから、学校行っとらんのは、あたしと、すぐ上の姉さんだけで、他の兄弟はみんなちゃんと行っとる。朝、兄弟そろうて学校行くちゅうときに、あたしがいっしょに行かんもんやから、兄貴が「なし学校に行かんか」チ怒ってから、むりやり引っ張って行かれたこともあった。途中でなんやかんや言うて、たいがい（ほとんど）は逃げて帰りよったけど、それでも、たまーには学校まで連れていかれよった。そやけど、まわりは知らん者ばっかやし、先生の言いよることもひとっつも分からんけ、教室の隅で泣きよるんがせいぜいやった。帰りは帰りで、タヌキの出る道を通らなならん。親に化けて、途中まで迎えに来ることもあるチ言うんで、近所の子、五、六人でかたまって帰りよった。ハゼの枝にとまって、うちだちが通ったら、木を揺すっておどすタヌキもおったけど、何チ言うたって、壁に化けるやつがいちばんたちが悪いト。なーんか目の前が白うなって、ぼやーっとしてきたチ思うたら、いっつも通りよるはずの道が行き止まりになっとる。そんなときは「壁のうらもどし（塗り替え）しようかねえ」チ言うたらええチ、親から教えられとったけ、そのとおり言うと元に戻りよった。おおかた（多分）タヌキも、上から壁土塗られたらたまらんチ思うて逃げだしよったんやろ。大人になってからは、煙草吸うと化かされんチ言うんで、タヌキが出たチ思うたら煙草吸うごとしとった。

学校行かんですんだときは、家で遊ぶか、仕事手伝うかしよった。親は畑に行っておらんやったけど、山にたきもの拾いに行ったり、今、公民館から救急病院になっとるあたりに植わっとったイチジクを採りに行ったり、近所のちっさい子の相手をしたり、とにかくなんしよっても楽しかった。

十一の歳から働きに出た。戸畑の製鉄所でレンガかつぎをしたト。製鉄所の中に耐火レンガを焼きよるとこがあって、できたやつを貨車まで運んで積み込むチ言う仕事。焼き上がったんを、バールで型から抜く人がおり、それを、やしない方チ言う人が、うちだちにかつがせてくれよった。うちだちは、いっぺんに七枚かつぎよった。おおげさに言うたら放り投げるごと、やしない方がレンガ渡すんで、うちの右肩には今も、ほら、こんな傷が残っとるト。十日区切りでお金もらいよったが、きつい割りにはいくらにもならんかった。　十三の歳からは、仲仕に行った。室町に小林組チ言う請け負いがあって、そこで毎日、朝の七時から夜の六時まで働きよった。N町からも、上は二十歳ぐらいの人からあたしまで何人かいっしょやった。膝までの長い半纏に腿までの長い靴下、その上に地下足袋チ言う格好やったから、遠目には、男か女か見分けもつかんやったやろ。仕事は石炭の積みおろしで、五日区切りでずいぶんええお金になりよった。いちばん多かったんは、浅野製鋼の仕事やなかったろうか。筑豊の石炭が、若松から、15トン、17トン、20トンチ言うような貨車で送られてきたら、それを発生炉に送るクレーンのところまで移しかえるト。ハネ出しチ言うて、そこらに積み上げとくだけでええときもあった。一人一日、15トン貨車一台分の仕事をするんが普通やった。時たま、川船に石炭を移しかえ、紫川を製紙会社とか東陶までずうっと上っていくチ言うこともあった。仕事帰りには、自分のとこで使う石炭をひとからかろうて（背負って）帰りよった。最初は、なーんも言われよらんやったけど、その内「石炭持ち出したらいかん」チうるそう言われるようになった。それで、うちだちは昼休みに分からんごと隠しといて、こそーっと持って帰るようにしたト。タヌキの出る堤の道を通って帰るときにゃあ、もう陽が沈んでしもうとって真っ暗やった。ようやっと、家の明かりが見えてきたときのホッとした気持ちチャなかったねえ。

ところで、最近は道もきれいになって、なんもかんも開けてしもうて、キツネもタヌキもおらんごとなったチ思いよったら、それが、まあだおったとやが。愛宕神社チあろうが。裏のばばさんが、孫連れて散歩に行ってから、やぶン中でおしっこしなさったチ。そしたら帰って来てからおかしゅうなって、油揚げそのまんま何枚も食べて平気でおる。家の者が、あんまりおかしいチ言うて、望玄荘の下のお祓いする女《ひと》のとこ連れていったら、やっぱしキツネが憑いとったト。お祓いのおかげで、すぐようはなったけどねえ。昔から、女が野小便するとキツネに憑かれるチ言うもんな。センセエは男やから野小便はええけど、美人には気をつけとかんと。今でも、キツネかタヌキが化けとるかも知らんけのう。

Nさんは歳を取ってからも、年の暮れになると、子どもや孫たちといっしょにしめ縄作りに励むのを常とするような働き者で、亡くなる直前まで、病院に見舞いにやってきた子どもたちを「はよ、しめ売りに行け」と叱咤していたそうだ。かつての部落《ムラ》の豊かさと勤勉さを代表する、畏敬に値するおばあちゃんだった。

Nさんのお姉さんも、中上健次の「オリュウノオバ」を彷彿とさせるような、部落《ムラ》中の人から一目置かれているような威厳あるおばあちゃんだった。部落《ムラ》に三棟目のアパートが建てられることになり、長年住み慣れた家を離れることになったとき、工事中、毎日のように取り壊される古い家屋を眺めていたそうなのだが、「まるで極楽のごとある」アパートに入居してまもなく、認知症を発症し、そのまま病院で亡くなってしまった。

集会所に行く途中など、すれ違うNさん達の世代から「今日は早いのう」などと声をかけてもらえるようになったとき、初めて部落《ムラ》に自分が受け入れられた気がして、無性に嬉しかったことを今でも覚えている。私が識字で関わった中心は、彼女達の子どもの世代なのだが、運動や学習を温かく包み込むように眺めていた彼女達世代の訃報を聞くたびに、部落《ムラ》の支えが失われていくようで悲しくてたまらなかった。

〈狐〉

今日は、キツネの話でもしようかねえ。大正の終わりか、昭和になってすぐか、近所の七十六歳になるじいちゃんが、まだ若かったころの話よ。

当時、じいちゃんは、小倉の太平工業チ言うところに勤めよった。雨がしとしと、しとしと降るある晩のこと、勤めを終えたじいちゃんは、小倉工業ンとこにあった堤のわきの細い道を帰ってきよった。お土産にもろうたボタモチを入れた弁当箱を手に提げてナ。

そンころは、キツネやらタヌキやらが、人をだまくらかしては喜んどるチいう話を、いっつも聞かされよったもんやから、じいちゃんは「おれは、どげなことあっても化かされんぞ」チ思いながら歩きよった。

なんもないまま堤の道も終わりにさしかかったんで、じいちゃんはホッと一息ついた。ところがどうじゃ、ふっと顔をあげたら、道の真ん中に、芸者さんのごときれいな着物を着た女の人が、傘もささんとじいーっと立っとるやないか。そらもう、絵から抜け出たような、とてもこの世のもんとは思えん美しい顔だちやった。あんまりきれいなもんやから、じいちゃんは「こら絶対キツネが化けとんや」チ思うて、「見ちゃあならん、見ちゃあならん」と、横をそろーっと通り過ぎていった。

だいぶ離れてから、じいちゃんは、もう一ぺんだけあんきれいな顔をおがみとうなった。それで、もう大丈夫やろうチ振り返ったんやが、もうそこには誰も立っとらせんかった。「しまった。もう一ぺん見ときゃよかった」チ悔やみながら、そんまま帰りを急いだんやが、なんぼ歩いても、なんぼ歩いても帰り着かん。

キツネに化かされたときにゃ、煙草を吸うたらええチ聞いとったんを思い出し、試しにじいちゃんは道で一服吸うてみた。すると何やハッとわれに帰ったような気がした。なんとよう見たら、あれから何時間も歩いとるはずなのに、振り返ったところから一歩も動いとらんやないか。同じところを、ずうーっと、ぐるぐるぐるぐるまわるばっかりやったチいうわけや。家に帰って、「とんだめにおうたもんや、ボタモチでも食おう」と弁当箱開けてみたら、ボタモチなんかひとっつも入っとらん、モチの代わりやろうか、葉っぱが一枚入っとるだけやったチ。

世の中には、ちょっと目エやっただけで、化かしよるもんの多いけのう、センセエも気を付けないや。

〈かいたけ池〉

K工業高校のグランド造ることになって埋め立てらるるまで、N町とS町の間には、大きな池があったト。今ある、日明《ひあかり》ン方へ抜ける道は、元々は池の堤やった。「かじたけ」とかゆう田町の親分の池やったけ「かじたけ池」、それがなまって皆は「かいたけ池」チ呼びよった。

淀んだ池やったが、子どもらにとっては他にない遊び場で、水浴びしたり釣りしたり、ゴクラク(アカハラと呼ばれるイモリのこと)採ったりしにしょっちゅう通いよった。ところが、池には、親分が好きで放した鯉がいっぱいおったんで、親分は「鯉を盗られちゃならん」チ言うて、日に四、五回は、子分を馬に乗せて見回りによこすようになった。そん子分が、たまたま口の聞けん男やったから、子どもたちは、馬に乗った男が少しでも見えたら「オシが来よるぞーっ」チ言うて散り散りに逃げたもんや。見つかると、石投げつけられたり、ぶちのめされたり、そらもうひどいめにあわされよった。今、考えてみるとあのオシの子分も、寂しい思いやったんやろう。

池には牛蛙もおった。当時、牛蛙のおるところちゃ、他に中原《なかばる》の池があるくらいで、牛蛙はまあだめずらしかった。牛蛙を知らん者もぎょうさんおって、中には、牛蛙の鳴き声を、死んだ牛の声チ思うてこわがっとる者までおった。

河童もすんどった。うちが子どもンころ、八丁目（S町の通称）の人が、河童から池に引きずり込まれ、おぼれ死んだこともあった。うちは見たことないんやけど、河童に悪さされると、池ン中で、人間が急にキリキリキリッともうて（舞って）みたり、沈んだかと思うとじきに飛び出てみたりするんで、とにかく、すぐ分かるちゅうことやった。

忘れられんことが一つある。いつのころやったやろうか。ある朝、池ン縁に牛の草刈りに行った人が、きちんとそろえられた下駄と懐中時計、たたまれた上等の着物があるのを見つけた。「こら誰か池に身を投げたんにちがいない」チ言うんで、三日間ムラの者がこうたいごうたいで池にもぐってみたんやが、なーんも見つけきらん。

たまたま、泳ぎ上手で名の知れとったO町の次郎さんチ言う人が、ムラに遊びに来とった。話を聞いて「オレがいっちょもぐって見ましょ」チ言うて池に入ったところが、これがまた見事に、一ぺんで底にひっかかっとった男を見つけ、片手を持って引き上げてきた。まだ若い男で、さらし巻いただけの裸やった。さらしには、三途の川の渡し賃のつもりやったろうか、金入れが差してあった。なんぼ入っておったかは知らんけど。

丁度、息子がおらんごとなった夫婦がおったんで、呼んで顔見せたら、息子にちがいないとのことやった。聞けば、八幡の真宗のお寺さんの跡取りで、ようやっと二十歳を出たばかり、肺病を苦にしても自殺やったそうな。そんことがあってからしばらくは、坊《ぼん》さんの幽霊が出るチ言うて、子どもらもあんまり近づかんようにしよった。

まあ、なんやかんやあった池やけど、埋められてしもうたらなあ…。あの池の河童も長う住んどったとやろうに、今は、どこでどうしよるんかのう。

〈うぐめ〉

裏のばあちゃんから聞いた話でもしちゃろうか。今年で九十四歳にもなんなさるばあちゃんやが、たっしゃでから、昔のこともよう覚えとんさる。これは、明治の中頃、ばあちゃんがまだ娘やったときの話チ言うことや。

そんころは、この辺はうらん谷チ呼ばれよった。小倉の町に近い下口《しもぐち》（S町の旧地名）から見りゃあ、裏の谷やったからやろう。

さて、一人のかあちゃんが下口に住んどった。かあちゃんには一人の娘がおって、娘はうらん谷で百姓しよる者のところに嫁に来とった。あるとき、娘の嫁ぎ先に遊びに来たかあちゃんは、「もう夜も遅いし、泊まっていき」チ言う娘の言葉も聞かんと、夜中にたった一人で帰っていった。

今でこそ、N町からみてS町は目と鼻の先やが、そんころは、ようやっと荷馬車の通れるほどの道があるばっかり。K工業高校ンところが大きな池で、堤のわきの道は、通りにくかったそうな。そん道を、かあちゃんが提灯一つ下げて帰りよったら、堤の方から、着物を洗っているようなジャバ、ジャバジャブチ言う音が聞こえてきよる。こんな夜中になんやろうかチ、恐ろしいのをこらえてそーっと近寄ってみたら、何と、まだ若い女の人が、赤ん坊を抱いたまんま洗濯をしよるやないか。うぐめの霊やチ思うて、かあちゃんは背筋が寒うなった。うぐめちゃ、子どもを産まんまま死んでしもうた、石女のことよ。

かあちゃんは、いらんこと関わらんではよ帰ろうチ思うて行こうとしたら、「すまんけど、おしめを洗う間、子どもを抱いとっておくれんかね」チうぐめが呼び止めた。ことわることもできんで、かあちゃんは赤ん坊を抱き取った。すると、どうじゃろうか、その赤ん坊が、どんどんどんどん重とうなって、何十貫もあるように思えてならん。おまけに、両の足もかなめ（金縛り）におうたごと動かんようになってしもうとる。どげしたことやろうかチひよっと赤ん坊を見ると、いつん間にか墓石に変わっとるやないか。

たまげたのなんのチ、そん場に墓石をほったり出して、かあちゃんは半分腰を抜かしながら息も絶え絶えに、かなめの解けた足でようよう家まで逃げて帰った。そして、亭主にわけを話し、しっかりと戸締まりをし、やっとの思いで床に入った。

ところが、かあちゃんが寝入ったころ、トントントン、トントントンと戸をたたく音がする。ようと（しっかりと）耳を澄ますと、哀しげなうぐめの声が「子ーくれんかー、子ーくれんかー」チ繰り返しよるやないか。かあちゃんは、相手にしちゃならんチ思うて、ふとんかぶったままじいーっと息を殺しとった。そやけど、亭主の方ががまんしきらんごとなって、置いてあった引き臼を持ち上げたかと思うと、戸を少し開けて「子ーくれるぞー、持って帰れー」チ真っ暗な闇の中へ思いっきり放り投げた。

夜が明けた。かあちゃんは、家ン外に出てひとつ大きゅう息を吸うた。これでなんもかんも終わったチ思うたそんとき、突然、家ン中で、なんか亭主が大きい声でおらび始めた。あわてて戻ってみると、亭主は、そりゃあもうひと通りやない苦しみ方で、土間を転げ回ってばたぐるいよる。「あんた！あんた！」チかあちゃんはすがりついて泣き叫んだんやが、動かんようになったと思うたら、亭主はもう事切れとった。

うぐめの霊ちゃ、そんぐらいしつこうて恐ろしいもんやそうな。ばあちゃんの話では、逃げるとき、かあちゃんが草履を家と反対向きにして放って帰っておったら助かっとったのにチ言うことやった。

こんごろは、うぐめの話もいっちょん聞かんようになった。こりゃああたしの言うことやけどねえ、センセエ、今ン世の中にゃあ、よっぽどうぐめよか執念深いもんの、なんぼでもおるごとあるねえ。おおかたうぐめも、そんこと知っとって、姿、見せんごとなったんやなかろうか。

この四編に、同時期O町の婦人部で話題になった八幡大空襲の思い出をまとめた「蛍火」（福岡部落史研究会出版の聞き書き集『部落が語りかけるとき』所収）を合わせた五編の聞き書きは、私にそれぞれの被差別部落のムラとしての移り変わりに目を向けさせてくれた。ムラの言葉、ムラの食べ物、ムラの遊び、ムラの仕事、ムラの行事、ムラの人々の繋がり、そしてそれらの変遷。さまざまな機会に、たくさんの人からたくさんの話を聞きながら、私は、部落解放運動に関わるというより、一人のフィールドワーカーとして、喜々としてムラに通うようになり、気づいたときには、極めて自然に被差別部落を「ムラ」と呼ぶようになっていた。いつの間にか私にとって、N町もS町もO町も、被差別部落や部落解放同盟の支部のある町である前に、温かく私を迎え入れてくれた、失われつつある村落共同体として認識される場所に変わっていったのである。

私の育った若松市街は、すでにそれなりの都市化が進んでいた上に、父は東京生まれの東京育ちで、小学校の運動会の時、みんながゴザを敷いて昼食を囲んでいる風景に違和感を覚えたというようなエピソードの持ち主だから、近所とも一定の距離を置いた付き合い方をしていた。だから、私にとってかつての村落共同体の暮らしは、井伏鱒二や深沢七郎の小説、柳田国男の論文の中でしか触れることのできないものだったのである。ところが、思いがけなくもそのムラと身近な場所で奇跡的に出会えたのである。聞く話のすべてが新鮮で、すべてが楽しかった。

と同時に、例えば、ムラの人たちがかつて普通に食べていた野草は、アウトドア好きな私にとって「食べられる野草」としてなじみあるものが少なくなかっただけでなく、ムラ言葉を整理しながら、大学の「方言学」の講義で聞いた方言周圏論を思い出したり、盆踊りの口説きに登場する「鈴木主水」に、これも何かで読んだことがあったと国文学関係の本を当たってみたりと、結構自分の中にある学問的興味との繋がりに、知的好奇心を改めて刺激されることも多々あった。そうやって調べた中身を、私が識字の学習資料にしたりして好評を得たことも何度かあった。

こうしてムラの歴史や暮らしに関する知識が増えていった結果、そのことにさほどの興味を示さないムラの小中学生や若い親達よりも、私は、昔のムラの様子について詳しくなってしまった。そして私は、いつ頃までここに何があったとか、皆こんな風に暮らしていたとか、果てには子どもたちの知らないような親戚関係についてまで子供会で語るようになっていき、気づいたときには「先生は何でそんなことまで知っとるん？」と不思議な顔で見つめられるようになっていたのである。

六、ライフヒストリーの聞き書きへ

このような昔話の聞き書きが、被差別部落の持つ村落共同体としての普遍性を確認する意味を持っていたのに対し、被差別部落が「被差別」のムラであるという独自性の認識を深めさせてくれたのが、個々のライフヒストリーの聞き書きだった。その発端になったのが、報告の中でも触れていたTさんとの出会いだった。以下に掲げるのが、三年目に行ったTさんからの聞き書きである。

わたしは、七人兄弟の三番目に生まれました。父親は失対事業に出ており、母は子供の世話と、家計のやりくりに追われていました。

学校は、小学校三年までしか行っていません。兄は、一応、小学校は卒業していますが、姉はわたしと同じようなものです。

わたしは、人一倍、勉強好きな子供でした。父親も、わたしに、学校にはちゃんと行けと言っていました。しかし、小学校三年のとき、すでにわたしは、いくら父親に叱られようと、もう二度と学校には行きたくないと思うようになっていました。そう思わせる何かが、当時の学校とわたしの生活にはあったのです。

わたしのために、様々な学用品を買いそろえるというのは、わたしの家にとって、できるはずのないことでした。筆箱も消しゴムも下敷きもありませんでした。鉛筆も入学の時に、特別に何本か買ってもらっただけで、西南のゴミ捨て場に、夜、こっそり出かけて、短くなって捨てられた鉛筆を、二本、三本と拾っては使っていました。体操の時間にはくブルマも、図工の時間に使うクレヨンもありませんでした。

雨の日にさす傘もありませんでした。たまたま、雨靴を買ってもらったことがうれしくて、天気の良い日に、得意になってはいてまわったことを覚えています。

当然、身なりもこぎれいというわけにはいかず、そのせいで、同級生は、わたしをどこか違った目で見ていました。そして、フケがおちた、シラミがおちたと、関係のないことまでわたしのせいにしてからかって喜んでいました。先生も、わたしがいくらからかわれていても、見て見ぬふりでした。

二年生の時です。月四十五円の給食代が、どうしても払えなくなったことがありました。先生は、早く持ってこいとうるさく言います。家にお金がないとは言えず、催促されるたびに、わたしは忘れたと言いわけをしていました。わたしは立たされました。けれども、私はお金を持ってきません。たまりかねたのでしょう、ある日、先生は罰としてわたしを椅子に座らせ、他の子に、わたしをモデルにして絵を描くように言ったのです。同級生の好奇の目にさらされ、恥ずかしさと悔しさと悲しさと怒りで体を固くしたまま、じっと耐えたあの図工の時間を、わたしは一生忘れることができません。

学校で楽しいと思ったことなど一度もありませんでした。四年生からは、ほとんど学校に行かなくなりました。父親に、学校に行かなかったことが分かるとひどく叱られるので、学校の終わる時間まで、やはり学校をさぼった仲間といっしょに山で遊んだり、一人の時は、田んぼの中にぽつんと座って、いつまでも空を眺めていたりしました。

その内、親にも私の気持ちが分かったのでしょう。わたしは、奉公に出されることになりました。奉公と言っても、給金をもらうわけではありません。住み込みで働き、衣食住のめんどうをみてもらえば、家でも一人分助かるといった程度のことです。学校とはそれきりです。五、六年の時のわたしに自分のクラスがあったのか、担任の先生がいたのかどうかも知りません。

最初はK町のオジの家に子守に行きました。しかし、何しろまだ十歳の子供です。親と離れて暮らすことが、寂しくてしょうがありません。帰りたいというと、父親は、そこにいるのがお前にとっていちばん幸せなのだと言って承知してくれません。そこにいれば、毎日きちんと白いご飯が食べられ、着るものもちゃんと着せてもらえるというのです。でも、わたしは、麦飯でも、茶碗一杯のはかりめしでもかまわないから、親といっしょにいたかったのです。

ある時、父親が仕事で近くまで来ていたという話を聞き、がまんできずに子守を放り出して家に帰り、両親からひどく叱られてしまいました。会うと家に帰りたくなるだろうからという父親の思いが、逆効果になってしまったわけです。

結局オジの家にわびを入れ、わたしは、同じ部落に住むお金持ちの家の手伝いに行くことになりました。そこでは、家事全般の手伝いがわたしの仕事でした。しかし、わたしの身なりがよくなかったせいか、決して赤ん坊にはさわらせてもらえませんでした。泣き声を聞いてあやしに行こうとしても、お前はいいと言うのです。部落の者どうしでも、そのような隔たりがあるのですから、部落外の人との間の溝を埋めることが難しいのも無理ありません。

その後、オバのところで下働きをし、十三の歳からは、本格的に仕事に出るようになりました。大人に混じっての土方です。一日二百円くらいにはなったでしょうか。西南短大の校舎が建つときは十六歳でしたが、飯場の飯炊きをしました。その時、博多から来ていた請け負いの親方が今の夫です。妹か子供のようにわたしをかわいがってくれる、父親のような優しさに魅かれたのだと思います。

結婚したのは十八歳の時でした。しかし、わたしに甘い新婚生活はありませんでした。というのも、夫が博多での仕事に失敗し、小倉で出直そうと、仕事の地盤づくりをしているときで、ほとんど無一文のような状態だったからです。家計の足しにしようと、わたしは、妊娠八ヶ月目まで花売りをしました。また、博多生活が長かった夫の舌と、煮物がやっとのわたしの料理の腕は、あまりにもかけ離れていました。何しろ当時のわたしは、カレーに砂糖を入れてみたり、冷や麦にうどんのように出汁をかけてみたりというありさまだったのです。

子供は、娘が二人です。上が二十二歳で下が中学二年の十四歳。下の子が生まれる頃には、仕事も順調に行くようになっていました。

八年ほど前、仕事の都合で、どうしても自動車の運転免許が必要になりました。実技はともかく、学科試験をどうやってパスするかで、わたしは必死でした。自分の名前ぐらいは書けましたが、それでも人前で字を書くのが恥ずかしくて、自動車学校の入学手続きの時も、いっしょに入学した高卒の末の妹に書いてもらったほどだったのです。妹だけでなく娘にも教えてもらい、教科書の漢字にふりがなを付けるところから、わたしの勉強が始まりました。後は、何度も何度も読み返し、一生懸命暗記していきました。しかし、読み方は分かっても、意味が分からない言葉がたくさんあります。

「サマタゲルちゃ、どうゆう意味ね、セイサイちゃ何のことね」人に聞くだけでなく、生まれて初めて辞書というものをひきました。おかげで、本の中の漢字はほとんど読めるようになり、新聞にも目を通すようになりました。気づいたときには、妹が、わたしに質問するまでになっていたのです。

試験にも合格しました。体重が五キロも減っていましたが、そんな苦労を吹き飛ばしてしまうほど、うれしく誇らしい気分でいっぱいでした。わたしは、今でもあの時の自分自身を誇りに思っています。学校を出ていないわたしが合格したということで、この部落からもたくさんの人が免許を取りに行きましたが、読み書きの壁は厚く、結局、学科で失敗し免許をあきらめた人が何人もいます。

下の娘は、わたしに似たのか、小さい頃から勉強好きでした。保育所の時、同じ年齢の子がオルガンを弾いているのを見て、まねして弾くようになり、やがてエレクトーンを習いたいと言い出しました。勉強できなかった自分と同じ思いをさせたくなくて、わたしは許可しました。最初はもらったオルガンで練習していたのですが、オルガンでは練習にならないと知り、小学校二年生の時、へそくりで二十数万のエレクトーンを買ってやりました。わたしの気持ちを知ってか、娘はエレクトーンに打ち込み、先日行われた北九州のコンクールではベストテンに入賞するほどになりました。娘は英語も好きで、中学に入ってから英会話教室に通っています。今年、その生徒の中から選ばれ、東京に行ってきました。

旅費は自己負担でしたが、少しも惜しいと思いません。わたしの働いた分は、すべてあの子につぎこんでもいいと思っています。お金であの子の人生が開けるのなら安いものです。

娘達には、自分の生まれを隠したり恥じたりしなくていいように、自分に厳しくといつも言っています。最近、下の娘にボーイフレンドができ、そのことで成績が下がったようだったので、好きな人ができたのなら、その人からも好かれるように勉強も頑張りなさいと言ってやりました。とにかく、子供達には精一杯生きてもらいたい、わたしの生きられなかった人生を生きてもらいたい、それだけです。


全同教報告をきっかけに、私の聞き書きは公のものとなっていったのだが、このTさんからの聞き書きは、その後、福岡県同教が出版した教材資料集『母親たちの歩んできた道』に掲載されることになった。その紹介をかね、婦人部の学習会でTさんが聞き書きを読んだ時の様子を、私は「解放教育」（1986年2月号）で紹介した。当時の私の問題意識とともに、関係の部分を以下に掲げることにする。


「この歳にもなって、今さら字とかなろうてどげえすっかね」

婦人学級に通い始めて七年目、何度もこのような言葉に出会ってきた。

「字、習いよって、ひょっと、あの人はあの歳にもなって、字も書ききらんチ言われたらいやなもんやけ、みんな来んのよ。自分のためやのに、まあだ、みんな意識が低うてから…」と、ある読み書きの上手なおかあさん。

文字を持つことが当然とされ、人間性を身につけていくための不可欠の前提とされるような社会がある。その中で、文字を身につけることで学歴と資格を得、今や、人に文字を教える側にいる私であれば、文字とは無縁に生きてきた人の、最後まで文字を拒みぬこうとするその言葉を、同じ立場に置かれながら必死の思いで文字を奪い返した母親と同じ言葉で、批評することは許されない。

個人の意識や羞恥を超えて「字とかなろうてどげえすっかね」は、私の中の文字の所在を鋭く問うてくる。

はたして人間は、文字によって何を得てきたのだろうか、そして、何も失いはしなかったのだろうか。

文字の出現は、人類に対し、支配の巨大化以外の何ものももたらさなかったと、『悲しき熱帯』のレヴィ・ストロースは、挑発的に述べている。

その当否は別にしても、文字が、常に、社会における優位者と劣位者を分かつ有力な指標であると同時に、その社会に存在する、支配―被支配の関係を、維持・強化する目的で使われてきたことはまちがいない。

近代以前は文字の独占によって、近代以後は、「公」教育を通じ、思いどおりの文字を人々に普及させることによって、支配―被支配の構造は守られ、文字は政治でありつづけた。そのような文字を無批判に受け入れることは、結果的に、文字を持つ者による、文字を持たぬ者の排除と収奪を指示することにつながる。

この国においても、明治以後、富国強兵政策推進の中で、安価な労働力の安定供給という課題を、江戸期被差別民の再編成＝差別の近代化によって克服しようとする政府の方針の結果、被差別部落は、一貫して、文字から最も遠いところに置かれてきた。

そういった歴史を思いやるとき、被差別部落の多くの人々にとって、文字が、単に、漢字や平仮名を指すのではないことがわかる。文字、あるいは、文字を持つことは、それ自体、収奪と支配の側に立つことの象徴となりうるのだ。

そのことに気づくとき、文字をあくまでも拒もうとする母親たちの「文字を持った人間が、文字を持たぬ人間に、いったい何をしてくれたことがあったのか」という怒りと、「決して文字を持つ人間のようにはなるまい」という逆説的な誇りが、初めて見えてくる。

社会的多数者であることで、人間は、大切な何かを失ってしまうのだという、経験的知性の無言の認識。

今、運動にも子育てにも必死になっている若い母親の姿が、よく見受けられる。彼女たちのひたむきさが、運動の大きな成果であり今後の運動の原動力となることは疑いない。

だが、その彼女たちの中に、ムラの習俗や言葉、共同性を、改めるべき因習と考え、一方で、社会に同化・適応するため、積極的に親子で「勉強」しようとしている部分が、一定程度とはいえ、確かにあることは気にかかる。

子どもたちに、自分の経てきたような辛酸を味あわせたくないという、彼女たちの思いの深さを認めないのではない。しかし、思いの切実さを感じることと、それを肯定することは、全く異なった問題である。

運動が「丑松」という言い方で表してきたムラのエリートたちの生き方が、外見的にはともかく、決して、安らかなものではなかったという事実、被差別の状況や、物質的貧困を、共同性強化への契機に転化することで、苛酷な条件を、ある意味では平然と、当たり前のように生きてきた「物がないからこそ豊かな」彼女たちの母たちの時間。

彼女たちが、その子どもたちとともに、今、向き合うべきものは、この二つの事柄であると、私は思っている。

むろん私は、文字が無用のものだと言っているのではない。むしろ、政治としての文字と拮抗し、それを覆していく、もう一つの文字が、さらに模索されるべきだと考えている。

身体と心は、いつも健康であるとは限らない。しかし、文字は、抽象であるがゆえ、身体や心の病を病まずに済む。そして、病んだ身体や心を支え、救うことだってある。

文字によって失ったものを回復するための文字、文字を人間抑圧の具から解き放とうとする文字の連なりは、幾多の挫折を含みながらも、支配の歴史に伏流する流れとなって、今日にまで受け継がれてきている。その流れを顕在化させねばならない大きな契機に、私たちの現在はさしかかっている。

それでは、いったい、もう一つの文字とは何なのか。外見は同じ一つの文字を、抑圧から創造の具へと転化させる、その根っこにあるものは何なのか。

文字がどれほど多様な機能を持つにせよ、究極的に、それは単なるモノでしかない。そして、あらゆるモノの問題が、常にそれとかかわる人間の問題である以上、文字にかんしても、問われているのは、私たちの人間、つまり感受性、想像力にほかならない。思想とは、つきつめて言えばその人間の叙情のことだと言った金時鐘に倣えば、私たちの叙情の質の問題だとも言える。

近代とは、産業化にともなう価値の一元化が、かなりの達成を見た時間である。実利と効率、それが、すべての事柄に対する尺度となり、それ以外の尺度は、前近代のものとして疎外され、失われていった。

その中で生まれ育った私たちの想像力もまた、紋切型・皮相的合理主義に陥っていることが多い。自分の価値観がすべてだと思ったり、そのことの誤りに気づいたら、逆に相手の価値観に同化してしまう。異質な自他が、異質であるがゆえにつながり、どちらにも属さない何かを生み出すといった発想がない。まれに、そういう発想がある場合でも、告白と涙でしか人はつながらないと思い込み、笑いの力を忘れてしまっている。結局、近代という時間を、近代の枠を一歩も出ていない方法で超えようとして、壁にぶつかっているのだ。

そのような私たちにとって、文字を持たぬ人々の生身の身体、そして、それを包む部落《ムラ》の生活は、近代から疎外されることで培われていった、近代とは異質の価値に満たされた、他者の時間としてそこに在る。

抽象化され整序された知識において、まず部落問題に出会った私が、そのことに気づいたのが、聞き書きを通じてだった。一人ひとりのおかあさん達の人生と生活の中に、差別－被差別の文脈だけでは語りきれない、ゆるぎない時間がしまわれていることを知ったとき、私にとって、部落問題は、私の所属する近代の時間と向き合う、もう一つの時間の問題となった。

私が、部落《ムラ》の人々の人生や、様々な出来事を聞き書きすることで求めていたのも、結局は、このもう一つの時間であったように思う。

もう一つの文字への、最も重要な可能性がそこにある。被差別の現実に学べというスローガンが、単なるスローガンでなくなるのもそこにおいてであるにちがいない。

Tさんという四十代のおかあさんがいる。彼女からの聞き書き「贈る言葉」が、県同教の教材資料集『母親たちの歩んできた道』に載せられたときのことである。

当初は、自分の語りが、同じ支部の人々の目に触れることに対し、極度に神経質であったその彼女が、ついに学習会の中で、百人余りの婦人部員を前に、贈呈された本を開き、見事に自分の生い立ちを読みあげた。

「分かってくれん人もおるかもしれんけど、支部長も先生もおるけいい」

それが、彼女の決意の言葉だった。様々な曲折を経ながら、その言葉に至る二年間は、彼女にとって、聞き書きという形式によって客観化された自らの人生を、幾度もたどり直し、読み返すことで再び自分のものにしていく意識化の過程であったにちがいない。それは、語ることのできた自己、語ることによる他への積極性を生きる、新しい自己の発見でもある。

マイクを通した、普段より幾分高い、しかし力強い彼女の声の前に、集会所は深く静まりかえった。ある人は、目を閉じたままじっと壁にもたれて聞き入り、ある人は、涙を溜めたまままばたき一つしなかった。時々聞こえるのは鼻をすする音、ハンカチを出す人もいた。Tさんが涙で声を詰まらせれば、「がんばって!」のかけ声がとんだ。

聞き書きが、書かれた文字を超え、再び語られることで新たな生命を得ていく時間が、そこには生まれていた。それを支えている、人々の共同性、読んでいるのは自分であり、読まれているのは自分の人生なのだという聞き手の思い。被差別の淵からの肉声であるがゆえに、それは、被差別の側に生きる人々をつなぐ言葉となった。

読み終えた後も沈黙はつづいた。まとめをと言われ、同世代を生きてきた支部長が「感動ばっかりや、言葉も出らん」と自分を抑えるように言った。「Tだけやない、みんな同じ苦労をしとるはずや。年寄りは、一番よう知っとろうが。オレも西南(短大)のゴミ捨て場に、夜、鉛筆拾いに行ったもんや」と再び支部長。

「この一年、婦人部の副部長をして、ほんとに勉強になりました。勉強したおかげで、今では、自分が部落やということを、恥ずかしがらんで、誰の前でも言えるようになりました」とTさん。

集会所の片づけをして家に帰ったTさんを、妹さんや仲の良いおかあさんたちが、待ちかまえていたように祝福した。翌日も会う人ごとに「よう言えたねえ」「よう読めたねえ」と声がかかった。「ほんとに読んでよかった。何遍も練習したかいがあった」と語るTさんの表情は、晴れやかだった。その熱い一こまは、私の中にまだ焼きついている。

聞き書きされた側に、聞き書きは返されねばならない。そして、語ったことの意味を、語り手自身が、喜びを持って発見したとき、聞き書きは、初めて語り手と聞き手をつなぐ創造となったと言える。

部落《ムラ》の人々の語りを聞くことが、私にとって未知の時間との出会いであり、ささやかな覚醒の体験であるかぎり、私は、聞き書きをつづけていきたいと思う。

聞き書きを始めた頃から、私は、関わられる側にとって私の存在は何なのかということにこだわるようになっていた。

しかし、Tさんからの聞き書きによる一連の体験を通して、識字学級における自分自身の果たすべき役割を自覚することができた。

部落問題は、異なる共同体間の関係の中に生まれ、様々な歴史的経過を経て存在しているものである。したがって、社会的関係や歴史的経緯を知ることができなければ、部落問題を理解することはできない。多くのムラの人たちは、自分と自分のムラのこと、周囲の人々が自分や自分の暮らすムラに向ける眼差しについてはよく知っていても、歴史や社会全体を俯瞰するような目を持っているわけではない。その目は抽象的なものであり、一定の学問の方法を身につけることによって初めて獲得できるものだからである。このため、ムラの人たちは、外部と関わるときに、不要の緊張を一方的に強いられることになる。この緊張の持続が、ある時は沈黙を、ある時は攻撃性を彼らにもたらしたりする。

求められているのは、このような緊張から解放されるための文字（知識）である。ムラの人々が自分自身の人生や部落問題そのものに関して抱く、素朴かつ本質的な疑問を氷解させることができる確かな答えである。その答えを、いつでも文字（知識）という普遍において返すことが、言葉を持つ側に立つ私の役割であり、最終的には、ムラの人々が自分を映し、自分の人生を意識化するための鏡でありたいと思うようになったのである。

全同教報告の翌年、1983年九同教夏期講座言語認識分科会のレポートで、次のような問題提起を私は行った。

「部落のおとうちゃん・おかあちゃん」といったステロタイプではとても計れぬ、多様な人間の多様な人生があります。その多様な身体に刻まれた幾多の思いの中に、なお共通する何かを汲み取る、即ち部落《ムラ》と出会うということは、十年二十年というスケールの時間とディテイルの積み重ねを必要とするのだと、改めて感じています。

「部落の現実に学ぶ」と言いながら、少なからぬ人数の教師が、解放学級・家庭・地域へと向かいます。そして、多くは一年で、あるいは数年でそこを去っていきます。異動、家庭の事情…やむをえないことなのでしょう。しかし、おさえておきたいのは、それがあくまでも教師の都合であり、教師にとってのやむをえないことでしかないということです。そのとき入られた側、「学ばれた側」の思いはどうなるのでしょう。ある日突然「勉強させていただきました」「ありがとうございました」と去っていく、その時、残された側の失望や落胆、さらには、教師を含めた部落外の人間一般への不信感を、去る側がこれまで、痛みとして受けとめたことがあったのだろうかと考えます。

解放学級は、教師が「部落に学ぶ」ための場ではありません。それは、そこに来る人々が自分の人生や生活を「意識化」していく過程なのだと思います。そして、そこに教師が参加するということは、その「意識化」の過程に関わりながら、自分自身の人生や生活を、そこに来る人々、つまり部落の人々の人生や生活に繋ぐということにほかなりません。だからこそ、繋がった、あるいは繋がりかけた双方の生活を、教師の側の事情によって一方的に切ることは、片方の生活を閉ざしてしまうことになるのです。

子どもは、教師をやがて別れるものとして受けいれるでしょう。しかし、解放学級はそうではない、教師という制度の立場以前での関わりとその持続が求められている—そう思いながら、部落《ムラ》へ出かけます。

Tさんの聞き書きまでは、偶然の重なりによって生まれたものだった。しかし、自分の役割を認識して以来、私は、機会があれば、聞き書きを通して、Tさんが味わったものと同じ思いを、少しでも多くの人に体験してもらいたいと考えるようになっていった。気がつくと、識字学級に通い始めてすでに数年を経過していた。そんな長期間ムラに通った教師は過去にいなかったことや、周囲の誰よりも私が部落問題や解放運動に関する知識を持っていたこともあって、私はそこにいるのが当然の存在になっており、いろんな人がいろんなことを私に話してくれるようになっていた。それらを私は聞き書きし、福岡部落史研究会から聞き書き集『部落が語りかけるとき』として出版した。

生々しい被差別体験を話してくれるおかあさん達もいたが、中でも最も厳しい出来事を経験していたのがKさんだった。

Kさんは、私が最も深く関わった婦人部員の一人である。初めて婦人部副部長になったときは、無口で控えめな大人しい女性という印象を受けただけで、それ以上関わる機会がなかったのだが、婦人部長として返り咲き、何年も役員を続けている内に、次第に一人息子への思いや心の内のもやもやを私に吐露してくれるようになった。その間、お酒好きのKさんの介抱を何度したことか。タクシーでKさんを家まで送り、帰ろうとすると「私が送ってやる」と言って、酔ったKさんが改めてタクシーに乗り込み、本当に私の自宅まで送ってきたこともあった。しかし、十歳年下の私に心を開き、安心して酔っているKさんの姿が不快に覚えたことは一度もない。そのようなKさんとの関わりの集大成が、次の聞き書き（福岡部落史研究会『部落が語りかけるとき』所収「子ども」）である。

Tさんと同様に、この聞き書きを学習資料として、集会所と隣保館でKさん自身が読み上げた瞬間、居合わせた人々の中に生まれた濃密な一体感は、間違いなく私の婦人部通いの頂点を形成するものであったと思う。そのKさんも突然の病に倒れて今は亡いが、彼女とのさまざまな思い出は色褪せることなく私の心にある。

中学を卒業後、私は、すぐに家を離れて働き始めました。家庭の事情というより、自分のやりたいことをやってみたいという気持ちが、そういう道を私に選ばせたのです。

大分市のクラブに勤めているとき、トラックの運転手をしていた二つ年上の男性と知り合い、やがて一緒に暮らすようになりました。まだ、十八歳の時です。

籍にこそ入っていませんでしたが、結婚しようという二人の気持ちに嘘はありませんでした。二、三度、相手の母親が二人の部屋を訪れてきましたし、中津と宇佐の間にある四日市というところにあった相手の実家にも行きました。相手を連れて小倉に戻ったこともあります。

同居して四年目、子供ができました。その前にも一度妊娠したことがあったのですが、その時は勤めのこともあって内緒で堕ろし、叱られていたので、今度は産もうと相手に打ち明けました。相手も喜んでくれ、いよいよ正式に結婚することになりました。

相手の父親は、元はどこかの校長先生をしていた人で、当時は大分の県庁に通っていました。兄と弟もそれぞれ教師をしているような家庭だったので、クラブ勤めの私を冷たい目で見ていましたが、子供までできたのなら仕方がないと、父親も二人の結婚を認めてくれました。

その代わりということで出された条件が、一度私が実家に帰り、それなりの花嫁修業をしてから改めて夫婦になるということでした。言われたとおり、私は七ヶ月の身重の体で小倉に戻り、丁度集会所で開かれていた教養講座の「お花」に毎週通いました。呼び出し電話しかなかったので、毎日というわけにはいきませんでしたが、相手からも私とお腹の子供を気遣う電話がしょっちゅうかかってきました。

そんなある日、二人の結婚がダメになりそうだという話を聞きました。「たまたま若松に嫁いでいた相手の姉が、私のことを調べた結果、ここが部落であると分かったため、父親が態度をガラリと変え絶対に結婚させないと連絡してきた」と、両親に仲介を頼まれた近所の人が教えてくれたのです。子供がまさに生まれようとしていた時でした。

その話の中で、私は初めて「部落」という言葉を知り、自分の生まれた所が、周囲から蔑みの目で見られていることを知りました。しかし、学校を始めいろんな場所で、自分や自分のムラの者だけが冷たい扱いを受け、おかしいと感じたことは何度もあったので、「ああ、あれはそういうことだったのか」と思い当たることばかりでした。

私はすぐに相手と連絡を取りましたが、相手の口からは、いっしょにはなりたいのだが父親にはさからえないといった気弱な言葉しか返ってきません。私は悔しい気持ちでいっぱいになり、結婚についても「もうどうにでもなれ、子供一人くらいは自分の力で育ててみせる」と思うようになっていきました。

まもなく、無事に子供が生まれました。健康そうな男の子で、「K」と名付けました。もちろん母親になった喜びはありましたが、子供の将来を考えるとき、辛い思いをするのではと不安でなりませんでした。

知り合いの仲介はうまくいかず、調停裁判での話し合いも物別れに終わってしまいました。途方にくれていたところ、部落解放同盟に頼んでみたらと勧める人があったので、わらにもすがる思いで、支部長を通じ小倉地協に話をあげてもらいました。

小倉地協は、悪質な部落差別であると親身になって取り組んでくれました。けれども相手方は、解放同盟との交渉に応じようともしません。そこで、当時の福岡県知事から大分県知事に働きかけてもらうという方法を使って、ようやく交渉の席に相手方を着かせることができました。

交渉は二日間にわたり、徳力《とくりき》の知り合いの家を借りて行われました。こちら側は、地協の関係者と身内の者で十二、三名くらいいたと思いますが、相手方は父親一人だけでした。途中、青年部が父親の許可を得た上で本人を呼びに行ったのですが、仕事の関係で連れてくることはできませんでした。

父親との話し合いは、なぜ部落出身の女性と息子を結婚させられないのかというところで行き詰まってしまいました。その事でのやりとりが続く内に、父親もホンネを出し始め、「部落の者はやくざばっかりだ」「部落の者と結婚させたら、手やら足やらない子が生まれる」と言い放ちました。その言葉に、居合わせた全員が、顔色を変えて詰め寄りました。手を出したら終わりになると、みんなこらえるのに必死でした。私はと言えば、一度は義理の父親だと思った人の口からそんな言葉を聞き、刃物で心臓を突き刺されたようで声も出ませんでした。あの時のことは、未だに忘れることのできない痛みとなって心に刻まれています。

それでも話し合いはねばり強く続けられました。その結果、相手の父親もついに折れ、二人は予定通り結婚させるし、新居も建ててやると約束してくれました。ところがです、実家に帰って一段落していた私のところへ、中津の裁判所から呼び出しがきたのです。相手の父親の約束は、すべて追及を逃れるための方便で、家に戻った父親は、逆に私を、強要・脅迫で告訴していたのでした。

私は裁判を受けるため、生まれたばかりの息子を抱いて、何度か中津に出向きました。当然のことですが私は無罪となり、改めて慰謝料と養育費の支払いを求める訴訟を起こしました。その判決が下され、支払うべき金額が告げられたとき、何を思ったか、相手の父親が、また結婚を認めると言い出しました。しかし、その言葉に耳を貸そうとする者は誰もいません。「もう相手にするな」と私の父は、哀しい怒りを込めて私にささやきました。　それ以来の十数年間、私は、子供だけを生きがいにして頑張ってきました。時には寂しくてたまらず、やりきれぬ思いをお酒で紛らわすこともあります。けれども、どんなに深酒した日でも、子供の朝食や弁当作りを欠かしたことはありません。最近は、子供も私の気持ちを理解してくれて、飲み過ぎないようにとか、早く帰っておいでとか、私を気遣う言葉をかけてくれます。

四年前、初めて婦人部の役員になりました。今年は、婦人部長です。そのような立場から解放運動に触れ、少しずつ自分のものにしていく中で、恥ずかしくて誰にも言えなかった自分の経験を、こうして人前で話せるようになりました。もう恥ずかしいとは思いません。

まもなく息子も、結婚を考える歳になります。その時、もし息子が私と同じように大きな社会の壁にぶつかったとしたら、私は息子に何をしてやれるでしょうか。そう思うと、もっと解放運動のことを知りたいという気持ちが湧いてきます。私にとっての解放運動は、今、ようやく始まったばかりです。

七、木村かよこさんとの出会い

聞き書き以後、TさんもKさんも、間違いなく自信を持って毎日を過ごすようになった。大きな壁を乗り越えたという満足感が、彼女たちの表情にはみなぎっていた。しかし、だからと言って、彼女たちの日常生活そのものが変わっていったわけではない。安心してそれまでと同じ日常に帰っていったのである。実は、二人だけではなく、識字学級で出会った人達のほぼ全てが、運動の場・学習の場との出会いを喜びながらも、そこから次の一歩を踏み出し、自分の暮らしを変えていこうとすることはなかった。だから、役員の立場を離れると、一人の生活者としてそれぞれの暮らしの中に埋もれてしまい、運動や学習の場を通した繋がりである私との関わりも、稀薄なものに戻ってしまう。仕方ないことととは言え、残念でならなかった。運動や学習を自分の生活の一部にしていくには、何か別の契機が必要なのである。

しかし、私が出会った人達の中で、唯一人そこまで進んだ人がいる。木村かよこさんである。木村さんと初めて出会ったのは、O町の識字学級の中、I中学赴任二年目、私が二十五歳の時である。O支部婦人部の集まりは、百人以上の人で集会所が溢れるN支部の学習会とは違い、それなりの意識を持ったせいぜい二十名くらいの固定メンバーが毎週集まってくる、静かで落ち着いた雰囲気の中で行われていた。その参加者の一人で、ほとんど欠かさず集会所に来ていたのが、木村さんだった。絵や習字が抜群に上手な上に、ママさんバレーにも長く通っているスポーツウーマンであったが、本人によると、新しいことを学ぶのは好きでも、人前でしゃべったりするのは嫌だというこだわりもあったようで、運動の中心になって皆をリードしていくことはなかった。

しかし、半ば順番に回ってくる婦人部の役員を経験したりする中で、人前で話さなければならない機会も増えていき、少しずつ彼女は変わっていった。そして、「まりあんちゃん」とみんなから呼ばれていた従兄弟から「部落」という言葉を彼女が初めて教えられた時のことを聞き書きした（福岡部落史研究会『部落が語りかけるとき』所収「まりあんちゃん」）頃と前後して、彼女は自分らしく生きと活動するようになった。

個々の出来事の時系列は抜きにして、彼女の活動の広がりを紹介すると次のようになる。小倉地協婦人部の役員となって多くの会に参加するようになったり、横浜からブラジルまで、さまざまな学習機会で知り合った人たちのところを積極的に訪れたり、五年かけて福岡県立博多青松高校の通信制を卒業したり（通信制高校のバレー部全国大会にも出場！）、得意の「絵」を通じて自伝的絵本『おおさこのかや』を出版したり、獄中の石川一雄さんに面会して似顔絵を描いたり、ついには様々な研修会の講師としてたくさんの人を前に講演したりと、その活動は多岐で広範囲にわたっている。彼女の絵の才能と学びへの積極性とが結びついた結果とは言え、運動を通じて、これほどまで人生を一変させた人は、全国を探しても他にいないのではないだろうか。若い頃から大好きだった橋幸夫のファンクラブに入会し、自己紹介の場面で部落民宣言（？）をしてきたと聞いた時は、さすがの私もひっくり返ってしまった。私より十歳年長であるから、すでに六十代後半だというのに、福岡県人権研究所の機関誌「リベラシオン」に「木村かよこのスケッチブック」を現在連載中で、その若々しさは変わらない。おそらく、その変わりように誰より驚いているのは木村さん自身だろう。

その一番のポイントは旺盛な好奇心である。初めて政治起源説を識字学級で聞いた時、やはり自分達の側に引け目に思わなければならないことなどないのだと知って嬉しかったそうなのだが、そこで終わることなく、部落史について彼女はいつも新しい知識を求めてくる。先日も約半年の時間をかけて、上杉聡さんの大学での講義録を読んで部落史の学習をしたのだが、読み終わったときの達成感で、彼女は本当に満足そうだった。宗教と差別の問題が話題になったときも、差別戒名の学習だけにとどまらず、彼女のリクエストで、釈迦や親鸞・『歎異抄』、蓮如から般若心経にいたるまでを学習会で取り上げることになった。常に彼女は、「次」を私に求めてくる。とにかく、もっと広く知りたい、深く知りたいと私に迫ってくるのである。

特定の時期、特定のテーマについて、同じような態度を取る人は他にもいたが、今にいたるまで、どんなテーマに対しても好奇心を持ちつづけているのは彼女だけである。若い頃、学びの機会、行動の機会を閉ざされていた時間を取り戻そうと、彼女は一分の時間さえ惜しんで日々を過ごしているように見える。そんな彼女の姿を見ていると、運動が追求してきた「人間解放とは何か」という大命題に対する一つの回答が、そこに体現されているように見える。

以前、木村さんを含む三名の女性部員が、ある学習会のパネリストになったことがあった。私はその会に参加していなかったのだが、終了間際に司会者から「皆さん達にとって解放とは何ですか」といきなり質問されて回答に困ったらしく、その中のＹさんから「先生、解放ちゃ何ね？」「どう答えたらよかったんね」と尋ねられた。私が「人前で話すどころか、初対面の時には、私にも口が重たかったＹさんが、今のようにパネリストとして堂々と自分のことを話せるようになったことが解放ですよ」と答えると、Ｙさんは「ホント、昔は何も話せんやったもんねえ」と過去を振り返っていた（Ｙさんからの聞き書きは福岡部落史研究会『部落が語りかけるとき』所収「年賀状」）。

Ｔさんや Ｋさんも、聞き書きを通して自分自身の人生を意識化し、引け目として心の奥に抱え込んでいた出来事から解放され、出身を堂々と名乗れるようになった。このように「人間解放」の第一歩が、人前で恥じることなく自分を語れるようになることであるのは間違いない。

しかし、運動が掲げてきた「人間解放」には次のステップがある。それは、自分の暮らす世界を自分の力で拡げて行こうと行動することである。それがなくても、人はそれなりの幸福を享受することはできるだろうが、自分の生活世界の中で完結した人生になってしまえば、この世界に存在する多くの他者と新しい出会いを持つことはできない。「人間解放」という言葉には、そのような多くの未知との出会いを求める姿勢も含まれているはずである。

Ｏ町で生まれ、育ち、結婚し、子育てにいそしんでいたかつての木村さんにとって、開かれた窓は、ママさんバレーだけであった。それが識字学級という小さな窓を自分の力で大きなドアに変えたことで、今や木村さんの世界は、日本を超えたものにまでなっている。それはそのまま、自分やＯ町を包み込む大きな壁であった部落問題を、彼女がムラの中からだけではなく、日本全体や大げさに言えば地球全体の問題の一つとして相対化して捉えられるようになったことを意味する。だから、木村さんの私に対する要求も、部落問題だけでなく、もっといろんな事を知らせて欲しい、教えて欲しいという中身に変わってきたのである。この姿こそ、水平社の先達も望んだ「人間解放」ではなかろうか。

八、「部落―非部落」の関係を超えて

識字学級に通い始めた頃、よく尋ねられたのが「先生は、部落の女性と結婚できるのか」という問いであった。関わりが生まれ始めると、その問いは「先生は部落の出身なのか」「先生もムラに住めばよいのに」に変わり、やがて誰も私にそのような質問を発しなくなっていった。また、「どうせ先生も、すぐに来んようになるんやろ」「学校変わったら来んのやろ」という問いかけも同様で、いつの頃からか、私には誰も何も言わなくなっていった。それどころか、十年を過ぎる頃になると、入学したばかりのムラの生徒から「お母さんが、先生は特別チ言いよった」「先生は部落のこと何でも知っとるんやろ」といった挨拶を時に受けたりするようにまでなったのである。

いずれの現象も「部落―非部落」という枠組みで人を評価したり住む場所を決めるという発想が私の中にはないという事実を、長いつながりの中で多くの人々が承認してくれた結果であり、「部落―非

部落」の社会的関係が無効になるような繋がりが、ムラの人たちと私の間に生まれたことの証であった。

「部落」とは、あるコミュニティーに対して、外部から一方的かつ理不尽に投げつけられるレッテルである。コミュニティー内部に在る人が、肯定的感情をもって積極的に「部落」という言葉を使うことはない。だから、コミュニティー内部で生まれ育った人間が「部落」という言葉と出会うのは意外に遅い。子どもたちが初めて外部と出会うのは、学校においてだが、そこで「差別」と出会っても「部落」という言葉そのものと出会うとは限らない。部落解放運動が、それほどの広まりを見せていなかった頃なら、十代後半から二十代前半、稼ぎを求めてコミュニティー外部と一定の接触を持つようになる時期に初めて出会うというケースが意外に多いのではないだろうか。聞き書き等を通して、私はこの事実を知ることができた。

しかし、「部落」という言葉と出会うのは初めてであっても、日常の何気ない場面において、自分の言動とは無関係な悪意の視線や仕種を不意に感じた幼い頃からの体験の謎が、「部落」という言葉によってようやく解けた気がしたと多くの人は言う。

つまり、「部落」という言葉との出会いは、被差別の存在として社会的に位置づけられてしまっている自分を発見する瞬間でもあるのだ。ただし、この出会いに含まれるのは、「私」＝「部落」＝「被差別」という結論だけである。「なぜ」という問いは許されず、「なぜ、私は部落民と呼ばれるのか」「なぜ、部落は差別されるのか」という本質的疑問は、心の最も深い部分に澱となって残される。ところが、やっかいなことに、「なぜ、私は部落民と呼ばれるのか」「なぜ、部落は差別されるのか」という二つの問いは、答えを持たない。なぜなら、「部落」も「部落民」も、差別する側の心の中で造り出された虚構である以上、私が「部落民」と呼ばれる根拠も、「部落」が差別される根拠も、最初からどこにもあるはずがないからである。

「なぜ、あなたは私を部落民と呼ぶのか」「なぜ、あなたはそこを部落と呼ぶのか」、そのように問いを逆転できないかぎり、誰も、被差別の存在としての自分という枠組みから抜け出すことはできない。ならば、「部落」というレッテルを、「非部落」という形に変えて投げ返すしかないではないか。「非部落」の者に対する挑発的問いが生まれるのは、この葛藤の場においてである。

私が識字学級に通い始めた頃投げかけられた問いも、言葉は様々でも本質においては一つである。「部落」が実在するなら、「非部落」も実在するはずで、「部落」が差別を受ける側であるのなら、「非部落」は差別する側ということになる。では、「非部落」というレッテルを投げつけたなら、それに対して相手はどのように反応するのだろうか。そのことで相手を試し、「部落―非部落」の関係の普遍性を試そうとする、これらの問いの意識されぬ真意がそこにある。

私は、それらの問いが私自身に向けられたときも、その言葉に違和や反発を覚えることはなかったし、関係を断とうとする悪意を感じたことも一度もなかった。むしろ、十年、二十年という時間をかけて、しっかり私の言動を見ていて欲しいという闘志が湧いてくるのを感じたほどである。

自分の身につけてきた知の深浅が問われている瞬間だと思ったせいもあるが、その問いを、ムラの営みの中で垣間見る人々の姿と合わせて考えることができたからというのが、私がそのように感じた最大の理由であるという気がする。問いを発した人々が、ふとした折りに見せるおどけた仕種、照れや笑み、不安の表情などを思えば、彼らの問いが、「部落—非部落」という関係のあり方を固定するためのものではなく、それを破壊し乗り越えていく契機を「こちら側」に求める、ある切実さを秘めたものだということが伝わってきた。少なくとも私には、彼らが求めているものが、「部落—非部落」という関係からの解放であるという直感があった。

「部落」という名付けを否定してくれる存在との出会いに対する飢えが生んだ、おまえは「非部落」だという断定。しかし、そこで望まれているのは「非部落」という断定への拒否であり、彼らの思いをきちんと受け止め向き合おうとする「こちら側」の主体性なのだ。さまざまな挑発的問いの前でたじろいではいけない。その問いを発する人間を、その暮らしを含めてまるごと受けとめればいい。そうしようとすることが、即ちムラと関わるということなのだと私は確信していたし、私はずっとそうやってきた。

九、ムラの絆と部落解放運動

ずいぶん以前の識字学級でのことである。その日予定していた学習が終わり、数名で雑談をしているうちに、結婚差別の話題になった。「差別を受けないためにも、結婚を意識する人ができたときには、自分が被差別部落出身であることを名乗るべきだ」、そんなふうに話が展開していったとき、A支部長が、不機嫌そうに、「恋人ができたからといって、わざわざ出身を名乗るというのは不自然だ、なぜ、そんなことをする必要があるのか」と主張した。A支部長は、二人の娘を持つ父親でもあったのだが、その場の暗黙の前提となっていた「正義」に対する、突然の異議申し立てのために、座は一時沈黙した。そして、その沈黙を解消するために、意見を求められた私は、次のように答えた。「確かに、誰かを好きになったときに、まず改まって出身を名乗るべきだというのは、どこか肩に力が入っており、不自然である。『最初に宣言ありき』と考える必要はないと思う。しかし、最後まで出身について語らないというのもまた、不自然ではないだろうか。関係が深まれば深まるほど、お互いのプライバシーについて、知りたいと思ったり、知らせたいと思ったりするのは自然である。とするならば、どの程度の深刻さをもって『宣言』するか、個人差はあるにしても、隠そうという気持ちが働かないかぎり、自然に二人の間で出身は話題とされるはずだと思う」この答えに、A支部長はほぼ納得したようで、この話はここで終わりとなった。

A支部長の発言が、その場に対してある異化効果を持っていたのは、単に、運動の主張とはトーンの異なる、みんなと違う意見を言ったからではない。未整理のままにされがちな、部落問題の本質を突いていたからである。

これまで部落解放運動が繰り返し情宣してきたように、「部落差別」は、さまざまな統計や事件によって、その実態を指摘することができる。そして、そのような意味合いにおいて間違いなく「差別」は実在する。だが、「部落」や「部落民」はそうではない。例えば、「部落」とはどのような場所のことで、具体的にはどこからどこまでの土地を指すのか、あるいは、「部落民」とはどのような人のことで、具体的には誰と誰を指すのかと聞かれれば、「いや、『部落』も『部落民』も実際には存在しない。それは、差別する側の偏見が造り出した虚構であり、だからこそ、『部落差別』は不当な『差別』であるのだ」と我々は答えるしかない。つまり、「『差別』はあるが、明確に線引きできるような『部落』も

『部落民』もない」というのが、我々の部落問題に対する大前提であるはずなのである。

前述のように、一定年齢に達してから、外部との接触の中で、初めて自分の生まれたところが「部落」と呼ばれていることを知ったという事例の多さは、「部落」アイデンティティを自明のものとして生きていた人が、運動以前においては少数派であったことをよく表している。にもかかわらず、水平社以来の部落解放運動は、多くの人々を結集することに成功してきた。それはなぜなのか。

もちろん、被差別の状況が共有されていた現実は大きいが、それにも増して、村落共同体の成員としての村内の繋がりや他の共同体との繋がり、つまり「ムラ」ネットワークの存在が大きかったのではないだろうか。外部から投げかけられる「お前達は部落民だ」というレッテルを、「ムラ」のネットワークによって集団で受け止め、跳ね返そうとする、そんな側面があったからこそ、部落解放運動は、個々の政治思想や社会意識の深浅を超えた広がりを持てたように思えてならない。

こんな出来事があった。N支部の副支部長をしていたYさんの妹夫婦は、解放同盟に加盟していなかった。そこで、Yさんが、何かあるたび必死に同盟員になるよう説得していたのだが、ある夜、同盟員である父親から電話がかかってきて、「お前の気持ちは分かるが、寝た子を起こすようなことはするな」と言われ、それがきっかけで親子げんかになってしまったのである。百メートルほどの距離の所に暮らしていながら、しばらく行き来もしないような状況が続いていたある日、よりを戻そうと父親の方から尋ねてきた。その時、父親が見つけたのが、額に入れて飾られていた、西光万吉の拓本「人の世に熱あれ、人間に光あれ」(私の奈良全同教のお土産)だった。これは何かと質問されたYさんが、いい機会とばかりに水平社創立や水平社宣言に込められた先達の思いを熱く語ると、父親が感動して「ぜひオレにくれ」と持って帰り、床の間に飾るようになったというのである。

また、こんな話もある。N支部婦人部の学習会で、福岡部落史研究会が発行している絵本「牛のかたきうち」と「菜の花」を教材としたとき、たまたまその話を聞いた未組織の女性が、S支部長に会ったついでに「婦人部、婦人部と言うが、そんな絵本を読んで学習になるのか」と馬鹿にしたような口調で言ってきた。そこでSさんが、二冊の絵本に描かれた出来事の背景にどのような歴史が隠されているのかを説明すると、彼女は考え込んだ様子で帰っていった。そして次の日、改めてSさんの所にやってきて「分かった」と言った後に、中学時代の修学旅行費が払えなかったときの体験を、真剣に語ったそうだ。

大学時代のイメージでは、部落解放運動に結集している人々は皆、それなりの知識や意識を持っている人達ばかりであると、私は思っていた。その先入観が、識字学級に通い始めた頃の私に、大きな混乱をもたらしたわけだが、支部や婦人部の役員をしている特定の人達、つまり点ではなく、もっと広がりを持った面としてのムラに関わるようになることで、私は部落解放運動の独自性に気づくことができた。

当然のことだが、ムラの中には、部落解放運動に積極的な人もいれば、懐疑的であったり否定的であったりする人もいる。一見、両者の間には大きな溝があり、根深い対立があるだろうと思えるのだが、それは皮相的な見方であって、実はムラの暮らしを通して結ばれた緩やかな絆によって、両者はしっかりと繋がっているのである。そのように、特定の政治思想ではなく、地縁や血縁、そして共有する被差別の体験などに支えられた、未組織の人にまで及ぶ絆を前提にした運動であったからこそ、部落解放運動は、個々の知識や意識を超えて、多くの人々を組織し、ムラの力を運動の力に変えることができたのである。

ところが、改善事業による住環境整備は、ムラを近代化し、ムラの繋がりを解体するものとして作用している。「みんなアパートに入ってから、鍵をかけるようになったもんなあ」とY副支部長が嘆いたように、近代的なアパート生活になることで、隣人と味噌や醤油を共用する生活は、もはや姿を消してしまったと言ってよい。さらに、被差別部落以外に生まれたパートナーとの結婚が増えたことで、ムラを特別な「ふるさと」として意識することのない夫婦やその子どもたちが多数派になってしまった。ムラは、現在たまたま住んでいるだけの場所であり、経済的に許されるならば、より居住条件のよい場所にいつでも引っ越したいと言うのである。

これらの遅れてきた都市化は必然的な成り行きであって、善悪で判断されるべきことではないのだが、運動の支えであった、ムラの絆の喪失と解体を意味していることは間違いない。ということは、これからの運動は、一定の知識と意識を持った者だけが、選択的に参加するものへと変質していくしかないのだろうか。その現実の前で、どのように新たな運動を組織していくべきなのか、あるいは、どのようにこれからの学習活動は行われていくべきなのか、その学習活動に私はどのように寄り添えばいいのか、課題は山積していると言える。

識字に通い始めた頃、地元の運動のリーダーの兄弟が亡くなり、葬式に参列したときのこと、同じムラに住む、部落解放同盟役員と同和会役員、そして裏の稼業に生きることを選択した人までが、ムラに生まれた一人の人間に戻り、故人をしのびながら歓談していた姿を、私は忘れることができない。その風景を許し難い癒着、不正義として見る人もいるだろうが、そこにある近代以前の未分化の混沌は、私には一つの可能性に思えてならなかった。その思いは今も変わらない。

三十年を超えた日々を回想していると、細かな事実関係などすでに忘れてしまっている反面、他愛もない出来事が多く蘇ってくることに驚かされる。

例えば、学習会終了後、小倉地協婦人部の役員をしていたIさんの家に、Kさんと上がり込み話し込んでいる内、なぜか私が味噌汁を作ることになり、その日採ってきたばかりのノロイロ（野蒜のこと）を刻んだこと。男が作った料理を食べるということがあまりないせいか、何かあるごとに二人とも「あの時の味噌汁はおいしかった」と言ってくれた。

ある年の敬老の日の前日、当時投網に凝っていたN支部支部長のSさん、副支部長のYさんと三人で、翌日の敬老祭用のハヤを近所の川まで捕りに行ったこと。学習会終了後のことだったので、集会所に戻ったときはすでに十一時を過ぎていた。待っていたKさんも入れて、それから南蛮漬けの調理開始。すべて終わったときが夜中の何時だったか忘れてしまったが、果たして、あの川で投網を使用してよかったのだろうか。しかし、持って帰った南蛮漬けはけっこうおいしかった。

地元の十二支部あげて、初めての演劇に取り組んだとき（タイトル『光あれ！』、息子の就職差別を機に運動に目覚める男性を描いた上演時間一時間の作品・脚本・演出は私である）、支部長役を演じていたA支部のY支部長が、練習の中でアドリブを入れ「解放運動は海より深く、山より高い…」とやり始めたのはよいのだが、どう終わらせていいのか分からなくなって困り始め、周囲のクスクス笑いにとうとう自分でもこらえきれなくなり笑い出してしまったこと。アドリブの怖さを知ったY支部長は、本番では台本通りのセリフをきちんとこなし、初の演劇も成功を収めることができた。

仕事や運動を超えた三十年余りの月日を振り返るとき、このような時間の共有を通して生まれた、決して失われることない記憶こそ、私にとっていちばん大切なムラからの贈り物であることに気づく。近代化の波の中で失われようとしているムラの最後の声は、今、私に何を告げようとしているのだろうか。

●加藤 陽一　プロフィール●

1955年１月　若松市（北九州市若松区）生まれ
78年３月　東京都立大学人文学部文学科国文学専攻卒業
78年４月〜79年３月　福岡市立中学校教諭
79年４月〜2012年３月　北九州市立中学校教諭
79年４月の北九州市中学校赴任時より識字学級に関わる。現在も、地域交流センター（隣保館）啓発講座講師として継続中。
84年４月〜87年３月　福岡県同和教育研究協議会事務局員
2006年　狭山第三次再審闘争に関わり、逮捕当時の石川さんの識字能力と脅迫状執筆能力の矛盾をまとめた意見書を、川向秀武福岡教育大学名誉教授と共同で作成。
現在、公益社団法人福岡県人権研究所理事
北九州市人権同和教育研究会会員
福岡県同和問題をはじめとする人権問題に係る啓発・研修講師団講師

著　作
『部落《ムラ》が語りかけるとき』（福岡県人権研究所・700円）
識字学級を通して知り合った被差別部落の人々からの聞き書き集。
『学校現象をフィールドワークする』（福岡県人権研究所・400円）
「いじめ」「学力低下」「コミュニケーション能力の低下」等をテーマに現場の問題を語る。
『子どもたちの表現を拓く』（共著・福岡県人権研究所・1000円）
小中学校における作文教育の実践と解説集。
絵本『おおさこのかや』シリーズ全四巻（海鳥社）
識字学級で出会った木村かよ子さんの半生を木村さんの絵で絵本化したもの。

プロデュース
学習資料『若松軍艦防波堤物語』（松尾敏史・福岡県人権研究所・800円）
第一次世界大戦で地中海に派遣されドイツのＵボートと戦った「柳」、大和特攻に参加し、奇跡の生還を果たした「冬月」「涼月」、戦後、北九州市若松区北海岸の防波堤となった旧日本海軍の三隻の駆逐艦の物語。
福岡県人権研究所機関誌『リベラシオン』に国語教科書のさまざまな教材を文芸批評風に読み解く、「中学国語教科書を読む」を連載中。

加藤陽一の著作・編集物等

お問い合わせは公益社団法人福岡県人権研究所（092-645-0388）まで

ブックレット菜の花１
部落が語りかけるとき
部落解放同盟小倉地区協議会編
頒価　680円＋税

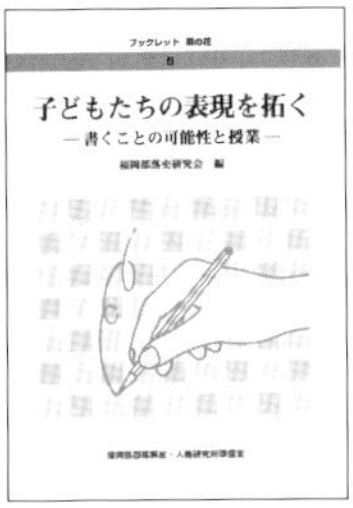

ブックレット菜の花５
子どもたちの表現を拓く
福岡部落史研究会編
頒価　1,000円＋税

人権ふくおかNo.4-1
学校現象をフィールドワークする
加藤陽一 著
頒価　400円＋税

若松軍艦防波堤物語
松尾敏史 著
加藤陽一 編集
頒価　800円＋税

公益社団法人福岡県人権研究所 機関誌『リベラシオン』

加藤陽一「中学国語教科書を読む」連載中
年４回発行　頒価1,000円＋税

※当研究所会員に入会されましたら年４回機関誌『リベラシオン』と
　年６回ニュース「りべらしおん」を送付いたします。

年会費：個人会員6,000円（学生は3,000円）　団体会員10,000円

お問い合わせは公益社団法人福岡県人権研究所まで。
〒812-0046　福岡県福岡市博多区吉塚本町13-50　福岡県吉塚合同庁舎４階
TEL 092-645-0388　　FAX 092-645-0387
（ＨＰ）http://www.f-jinken.com/　（Ｅメール）info@f-jinken.com

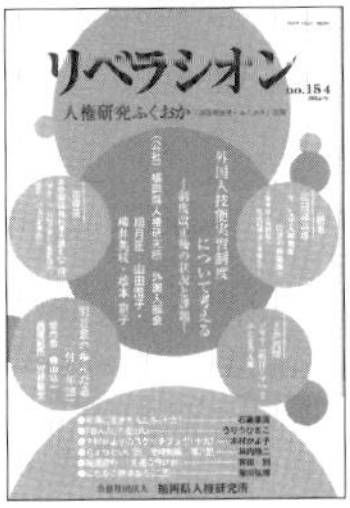

公益社団法人福岡県人権研究所機関誌
リベラシオン―人権研究ふくおか―
頒価　1,000円＋税

キーワードで考える　部落問題はじめの一歩

2015年５月20日　発行
編集・発行　公益社団法人福岡県人権研究所
発行人　森山沾一

〒812-0046 福岡市博多区吉塚本町 13 － 50　福岡県吉塚合同庁舎４Ｆ
☎ 092 - 645 - 0388／0387（Fax）　振替 01760 - 9 - 011542番・福岡県人権研究所
http://www.f-jinken.com/
E-mail：（代表）info@f-jinken.com
ISBN978-4-938725-66-2
印刷　よしみ工産株式会社

定価　1,000円＋税　※無断転載を禁じます。

ブックレット 菜の花 ⑲

頒価 本体1,000円＋税

ISBN978-4-938725-66-2 C0336 ¥1000E

Human Rights